KB140816

네 덜 란 드 에 축 제 즐 기 러 가 자

일상이 축제고,
축제가 일상인
진짜 네덜란드 이야기

| 만든 사람들 |
기획 인문·예술기획부 | **진행** 김혜인 | **집필** 송창현 | **편집·표지** 디자인 김진

| 책 내용 문의 |
도서 내용에 대해 궁금한 사항이 있으시면
저자의 홈페이지나 디지털북스 홈페이지의 게시판을 통해서 해결하실 수 있습니다.
제이앤제이제이 홈페이지 www.jnjj.co.kr
디지털북스 페이스북 www.facebook.com/ithinkbook
디지털북스 카페 cafe.naver.com/digitalbooks1999
디지털북스 이메일 digital@digitalbooks.co.kr
저자 이메일 ch.songsong@gmail.com

| 각종 문의 |
영업관련 hi@digitalbooks.co.kr
기획관련 digital@digitalbooks.co.kr
전화번호 (02) 447-3157~8

네덜란드에 축제 즐기러 가자

일상이 축제고,
축제가 일상인
진짜 네덜란드 이야기

송창현 저

Contents

04 진짜 네덜란드 이야기

작가의 말

차가운 공기와 외롭고 쓸쓸했던 마음

　네덜란드 스키폴(Schiphol) 공항에 발을 들였을 때 나는 기분이 썩 좋지 않았다. 12시간 가까이 되는 비행시간의 피로와 공항의 낯선 모습 때문만은 아니었다. 아마도 첫 주재 생활을 해야 하는 나라에 막상 도착하고 보니 잘해야겠다는 포부는 어느샌가 저 멀리 사라지고, '어떻게 살아가야 할까⋯⋯.'하는 두려움과 중압감이 더 크게 몰려왔던 것 같다.

네덜란드는 1월이었다. 겨울의 세찬 비와 옷 속으로 칼같이 스며드는 과하게 습한 바람이 나를 더욱더 초라하게 만들었다. 미래에 대한 불안감, 우울한 날씨, 먼 이국땅에 혼자 덩그러니 놓인 서러움. 그래도 좋은 기회를 얻은 데 대한 감사한 마음과 두 달 후면 오게 될 가족들을 생각하며 이 악물고 버텼던 시간이 이제는 나를 조금은 더 강하게 만들어준 소중한 경험이라 여겨진다.

나를 맞이했던 Iamsterdam 시티 레터

네덜란드는 참으로 매력적인 나라다. 우리가 알고 있는 그 이상으로. 하지만 돌이켜보면 네덜란드에 대해 우리가 아는 것은 없다고 해도 과언이 아니다. 풍차와 튤립, 반 고흐, 암스테르담 홍등가 그리고 동계 올림픽에서 한국과 치열하게 다투는 스케이트 강국이라는 것 정도. 인터넷에서 네덜란드 여행을 검색해보면 프랑스나 스페인 등 잘 알려진 타 유럽 국가에 비해 정보가 턱없이 부족하다. 다른 곳을 여행하기 위해 도착하거나 출발할 때 잠깐 들러 암스테르담 시내 어느 곳을 살짝 보고 가는 정도가 네덜란드 여행의 대부분이기 때문이다.

하지만, 하루하루 현지에서 그들과 일하고 소통하고 아웅다웅하며 이곳저곳을 누벼보니 생각하지 못했던 그 이상의 매력과 아름다움이 곳곳에 있었다. '여행자의 콩깍지 낀 시선'과 '사는 사람의 고루한 시선'의 딱 그 어느 중간. 즉, 호기심과 깊이를 가진 '이방인'의 눈으로 바라보니 더 그렇다.

축제가 일상인지 일상이 축제인지 모르게 하루하루를 즐겁게 사는 사람들. 그 축제와 일상이 소소해도 행복한 사람들. 손에 꼽힐 정도로 작은 나라지만 한때 세계에서 가장 잘 살았던 나라. 지금도 손에 꼽히도록 잘 사는 나라. 국토의 6분의 1을 개간한 지독한 민족. 그리고 우리네가 잘 모르는 아름답고 즐거운 곳과 맛, 멋, 그리고 사람들.

이러한 이유가 나로 하여금 글을 쓰도록 결심하게 만들었는지 모른다. 나만 알고 있기에는 아까운 것들, 살아보지 않으면 알 수 없는 것들, 그런데도 이방인의 눈에는 낯설고 신기한 것들. 많은 사람이 그저 거쳐 가는 곳으로만 생각해서 놓친 안타까운 보물들. 도처에 널린 보물과 즐길 거리들은 물론, 실제로 네덜란드 사람들과 함께 살며 배운 그들의 생활방식과 특성, 역사에 기인한 재미있는 이야기들을 늘어놓고자 한다.

"신은 사람을 만들었고, 사람은 네덜란드를 만들었다"라는 네덜란드 속담이 있다. 작고 낮은 땅에서 치열하게, 그러나 일상을 축제처럼 즐기며 소중히 간직한 이곳 네덜란드의 매력에 언젠가는 빠져볼 것을 진심으로 권유한다. 네덜란드를 즐긴다는 것은, 어쩌면 우리의 삶 자체를 즐기는 것과 같을 수 있다고 어느 정도의 허세를 넣어 자신 있게 이야기해본다. 네덜란드를 온몸과 마음으로 즐기고 나면 알게 될 것이다. 그 '허세'의 양이 많은지 적은지를. 눌러앉아 살고 싶다는 마음이 드는 부작용에 대해서는 책임지진 못하겠다.

　아무쪼록 나의 이 글이, 네덜란드를 좀 더 이해하고 묵었던 오해는 풀게 하며 네덜란드를 마음껏 즐길 수 있는 좋은 기회가 되길, 그리고 이 나라의 매력과 아름다움이 많은 사람에게 전해지길 바라고 바라본다. 그래서 시작해본다. 후회 없이 일하고 즐겁게 살아가며 경험한, 누구도 알려 주지 않은 진짜 네덜란드 이야기를!

일상이 축제이고,
축제가 일상인 사람들의 이야기

모든 궁금증은 한 직장 동료의 말에서 시작되었다.

"Charley, i'll do day off next Monday & Tuesday."
(찰리-내 영어 이름이다-, 다음 주 월요일과 화요일에 휴가를 내려 해.)

정기적인 휴가 외에는 웬만하면 휴가를 쓰지 않는 친구의 입에서 나온 말이었다. 보통 금요일에 휴가를 내고 주말까지 쉬는 것이 주된 패턴인데, 한 주를 시작하는 월요일과 화요일을 쉬겠다니 궁금증은 더 커져만 갔다. 부임한 지 얼마 안 되어 바짝 긴장하며 실적과 성과에 조급함을 가지고 있던 내게, 중요한 동료의 휴가는 마음에 걸리는 것이 사실이었다.

궁금해서 그러는데 이유를 알 수 있겠냐고 물으니 그 친구의 대답은 아래와 같았다.

"Because i'm from southern part!"(왜냐하면 난 남쪽 출신이거든!)

아, 그렇구나…… 가 아니라, 이걸 뭐 어떻게 받아들이라는 건지. 남쪽에서 온 그대. 그래 나도 남한 출신인데 남쪽이 뭐 어떻다는 걸까? 또 휴가와는 무슨 상관이며 어떻게 연결하여 이해해야 하는 걸까. 물론 그 대답 이후에 아주 친절한 설명이 뒤따랐다. 자신은 네덜란드 남부지역 출신이고, 남부지역에서 커다란 카니발 축제가 열리는데 가족과 친지 그리고 애인 모두 함께 참석하는 전통 행사라 이를 즐기기 위해서라고.

사실 네덜란드와 카니발이 그리 잘 어울리는 단어는 아니다. '카니발' 하면 떠오르는 것은 '브라질 리우 카니발' 정도가 아닐까. 여기서부터 우리의 네덜란드에 대한 무지가 비롯되는 것이라 봐야 한다. 나는 이 무지의 기회를 놓치지 않았다. 네덜란드를 알기 위해서 이러한 축제가 얼마나 있는지 알아보기로 했다. 혹시라도 축제나 휴일의 숫자를 미리 헤아려 동료들이 얼마나 노는지를 감시하거나 통제하려는 의도는 결코 아니었다. 그저 마음의 준비(?)였다고 할 수 있겠다.

시간이 지나 그들과 동화되고 직접 겪으면서 조사와 공부를 병행하며 궁금증을 풀어나갔다. 그러면서 풀어낸 많은 질문과 답들이 왜 우리 네덜란드 친구들이 그렇게 흥이 많고 행복하고 즐거운지를 알려주었다. 매월이 축제로 꼬박 채워진 이곳, 사람부터 꽃까지 모든 것을 축제의 대상으로 삼는 네덜란드 사람들이야말로 일상과 축제의 경계가 없는 사람들이었다. 일상을 제대로 가지고 놀 줄 아는 여느 연금술사와 같이.

그렇게 함께 아웅다웅하다 보니 나도 어느새 네덜란드를 즐기고 있었다. 네덜란드는 매우 소소한 나라다. 나라의 면적부터가 그렇고, 에펠탑이나 빅벤 그리고 가우디 건축물과 같은 거대하고 기념비적인 요소들도 거의 없다. 하지만 즐길 거리는 우리가 몰랐던 지식이나 걸었던 기대보다 크다. 어쩌면 몰랐고, 기대하지 않아서 그 여파가 더 컸는지 모른다. 소소함을 즐길 거리나 삶의 행복으로 받아들이는 것이 진정 일상과 삶을 즐기는 것이라고 한다면, 네덜란드는 어느 나라보다 즐길 것이 많고 살아가기에 즐거운 곳이다.

그래서 네덜란드를 함께 즐겨보고자 한다. 네덜란드를 즐기는 법은 각자의 몫이다. 알지 못했던 것, 그리고 우리네에게 새롭고 신기한 것들에 대한 안내는 나의 몫이므로 이야기를 시작해본다.

Part 1. 알고 즐기자 네덜란드

4년. 베네룩스 시장 담당. 회사가 발부한 사령장(辭令狀)의 내용이었다.

잘 알다시피 '베네룩스'는 네덜란드, 벨기에, 룩셈부르크 이 세 나라를 아울러 이르는 말이다. 주재지는 네덜란드로, 수시로 주변국으로 출장을 가는 형태로 근무한다. 네덜란드와의 인연은 그렇게 시작되었다.

주재원으로서 그 시장과 사람들을 이해해야 한다는 사명감이 앞섰다. 물론 직장의 어르신이나 손님들의 질문에 당황하지 않고 자신 있게 대답하고자 한 의도도 있었다. 그래서 더 궁금했고, 그 궁금함의 깊이를 조금 더 파보기로 했다. 앞에서 언급한 것처럼 스쳐 지나가는 여행자의 시선보다는 깊게, 그리고 살고 있는 사람들의 당연한 듯 고루한 그것보다는 새롭게.

정말, 네덜란드는 과연 어떤 곳인 걸까?

네덜란드는 어떤 곳일까

지금 한 번 네덜란드를 떠올려보자. 무엇이 떠오르는가?

지구본을 찾아보자. 물론, 요즘 시대에 지구본 말고도 참고할 자료는 많다. 당장 휴대폰에서 지도 앱(App)을 실행시켜 보자. 그리고는 네덜란드가 대체 어디 붙어 있는 땅인지 한번 보자. 장담하건대 위치를 한 번에 알아낸 사람은 별로 없을 것이다. 게다가 그 크기가 그 정도로 작을 것이라고 생각한 사람은 더더욱 많지 않을 것이다. 아직도 뉴질랜드와 네덜란드를 혼동해 사용하는 사람들도 꽤 된다. 재미있는 것은 젊은 사람들조차 그 둘을 헷갈리는 경우가 부지기수라는 것이다.

반대로 네덜란드 사람들에게 한국을 찾아보라고 하면 어떨까? 내가 몸담은 회사가 한국 회사라 그렇지, 길을 나서서 한국과 상관없는 네덜란드 사람들에게 물어보면 우리가 네덜란드에 대해 모르는 것과 별반 다르지 않다. 아니, 모르면 더 모른다고 단언할 수 있다. 오히려 '북한'이 더 유명하다. 이들에게 보이는 '대한민국'은 '북한'이라는 뉴스에 항상 가려져 있다. 대한민국이라는 저 변방의 작은 나라에는 관심도 없을 뿐더러 기껏 대서특필되는 기사들의 80% 이상은 '북한'에 관한 이야기이다. 어떤 친구들은 한국으로 출장 갈 때면 개고기를 꼭 먹어야 하는지에 대한 질문을 지인으로부터 많이 받는다고 한다. 아직도 말이다. 중국이나 일본마저 가보지 않은 사람들은 한국을 동남아의 어느 나라들과 같을 것으로 생각하기도 한다. 이 친구들이 휴가 때면 많이 가는 태국이나 인도네시아는 그들이 '아시아'를 정의하고 회상케 하는 강력한 준거가 된다. 그래서 한국을 처음 와본 사람들은 입을 벌리고 놀란다. 생각보다 깨끗하고, 생각보다 많이 발전되었으며, 무엇을 생각하고 상상했든 간에 그 이상이었다면서 말이다.

우리가 네덜란드에 도착해서 하나하나 알아가다 보면 그들이 놀라는 것과 같은 느낌을 받을 것이다. 생각보다 잘 살고, 생각보다 아름다운 곳. 그리고 생각보다 볼 것이 많고, 즐길 거리가 많은 곳. 때론 자유로움이 지나쳐 우리네 정서로는 이해하기 힘든 것까지!

우리가 아는 것 이상의 것을 보고 듣고 느낄 때, 그 즐거움은 배가 된다. 여행의 묘미다. 여행의 이유다.

네덜란드는 앞서 이야기했듯이 그리 큰 나라가 아니다. 우리나라를 기준으로 보자. 기준 면적은 41,543km²로 우리나라, 그것도 남한의 면적인 99,720km²의 절반이 채 되지 않는다. 경상도와 전라도를 합친 것보다 작다는 이야기다. 이쯤 되면 네덜란드에 대한 흥미가 확 떨어질 수도 있겠다. 우리나라 사람들은 치수와 거대함에 대한 목마름이, 그에 대한 기대가 큰 경우가 많기 때문이다. 아니라고? 당장 생각해보자. 유럽 여행을 처음 가는 당신이다. 수중에 있는 여행경비는 정해져 있고, 기한은 딱 일주일에서 열흘. 2~3개국만 돌아볼 수 있다고 가정을 한다면 네덜란드는 그 리스트에 끼지도 못할 것이다. 내가 전생에 네덜란드인이었을 거라는 마음 저 밑에서 올라오는 강력한 이끌림이나 네덜란드에 아주 친한 친구가 있는 것이 아니라면. 프랑스나 스페인, 독일, 이탈리아나 영국 등의 대국(大國)이 리스트의 선두를 다툴 것이 뻔하다. 같은 비용이면 아름다운 에펠탑을 보고, 유명한 빅벤을 보며, 가우디의 화려한 건축물을 둘러보는 것이 우선이기 때문이다. 그렇다고 그것이 잘못되거나 나쁘다는 건 아니다. 당연하다. 그건 효율성과 매력도에 달린 일이다.

'효율성'이란 말이 나와서 말인데, 이 효율성은 '실용성'과 더불어 네덜란드 사람들의 성격과 품성을 가장 잘 나타내는 말이다. 그래서 그런지 여행자의 효율성을 고려한 동선을 보면 재미있게도 네덜란드가 그 사이에 있는 경우를 자주 본다. 즉, 메인 리스트에는 이름을 올리지 못하지만 환승을 하는 경우엔 효율성의 원칙에 따라 네덜란드를 거쳐 가는 경우가 많다. 그래서 네덜란드에 대해 검색을 해보면 반나절이나 길어야 하루 정도를 머물렀다 간 이야기들을 많이 볼 수 있다. 네덜란드가 사람들을 블랙홀처럼 끌어당기는 매력을 겸비하거나 그것을 어필하지 못하는 것도 이유라면 이유다. 효율성과 실용성을 외쳐대는 네덜란드 사람들에게 이러한 현상은 어쩌면 그리 섭섭하지 않은 일일지도 모르겠다. 아니, 고개를 끄덕이며 이해하거나 오히려 그러한 사람들을 타깃으로 한 상품을 개발할 친구들이다.

이런 면에서 네덜란드를 여행의 첫 목적지로 삼는 사람들이 있다면 난 "이 여행 반댈세"라고 외칠 것이다. 특히나 유럽에 처음 오는 사람들이라면 더 그렇다. 네덜란드는 유럽의 이곳저곳, 세상의 구석구석을 많이 다녀 본 사람들이 와야 한다. 소위 말해 여행에 굳은살이 박혀 화려함에 이끌리지 않고 치수에 연연하지 않으며, 여행의 진실함과 소소함을 온몸의 감각으로 느

낄 줄 아는 사람이 와야 한다. 네덜란드는 '첫사랑'이라기보다는 '끝 사랑'이
되어야 한다. 하루 이틀 정도를 머물러서는 그 매력을 도저히 알 수가 없다.

요즘 들어 한 나라나 어느 도시에서 한 달을 살아보는 것이 크게 유행인데
네덜란드는 그렇게 하기에 안성맞춤인 곳이다. 하지만 부작용은 있다. 며칠
이상 네덜란드에서 지내본 여행자들은 대부분 한국으로 돌아가 '네덜란드
이민'을 검색하게 된다는 것. 농담이 아니다.

누군가 나에게 "네덜란드는 여행하기 좋은 곳인가요?"라고 묻는다면 내
대답은 "여행보다는 살기 좋은 곳이에요!"라고 말할 가능성이 크다. 내가 그
렇게 말하지 않아도 네덜란드를 제대로 경험한 사람이라면 누구나 느낄 것
이다. 누구나 그러할 것이다. 그러니 네덜란드를 즐겨 보는 것은 손해 볼 일
이 아니다. 여행하다 보면 살고 싶어지는 이 사랑스러운 나라를.

세 단어로 이해하는 네덜란드

　당신에게 네덜란드 친구가 있다고 치자. 그 친구에게 한국이라는 나라나 한국 사람을 잘 나타낼 수 있는 단어를 설명한다면 어떤 단어가 먼저 떠오를까? 개인적으로는 '빨리빨리'란 단어가 가장 먼저 떠오른다. 아마 꽤 많은 사람이 나와 같을 거라고 믿는다. 이 '빨리빨리'라는 말 하나로 왜 한국이 그렇게 고속 성장을 할 수 있었는지, 길거리를 지나다 보면 왜 한국 사람은 무표정한 얼굴로 걸음을 재촉하는지, 인터넷 속도는 왜 세계 최고인지를 쉽게 설명할 수 있다. 더해서, 영어로 표현하기가 쉽지는 않지만 '정'이라는 단어도 있다. 왜 밥을 떠주다 한 숟가락 더 얹어 주는지, 반찬은 왜 이리 많이 주는 건지, 무표정한 얼굴을 가진 사람들로만 알았는데 한 번 친해지면 왜 이리 끈끈한지를 설명해주면서.

　이러한 맥락에서, 네덜란드에서 살다 보니 나라는 물론 사람들의 성격을 어느 정도 가늠할 수 있는 단어들을 자연스레 알게 되었다. 머릿속에 떠오르는 단어가 꽤 있는데 우선 세 가지를 꼽아보면 'Lekker(레커:맛있는)',

'Gezellig(케젤리크:아늑한)', 'Borrel(보렐:마시다)'가 그것들이다.

이 단어를 알고 있다고 하면 네덜란드 사람들은 당신을 환대할 것이다. 그리고 이 말을 내뱉는 순간 네덜란드 인들은 당신에게 좀 더 친근하게 다가올 것이 분명하다. 생각해보자, 처음 만난 네덜란드 사람이 능숙하게 '빨리빨리'를 외치고 '정'을 느낀다고 말한다면 어떨까? 우리네를 이해해주려는 노력이 가상하게 보일 것이다. 이미 간파당했다는 개운치 못한 기분을 느낄 사람들도 있겠다.

수년간 이곳에서 지내면서 가장 많이 들은 말은 단연코 'Lekker(레커)'다. 사전적인 뜻은 영어의 'Delicious'와 같아 맛있는 음식을 먹으면서 연신 외쳐댈 수 있는 단어지만, 기분이 좋거나 상황이 좋을 때 등 모든 경우를 아우르는 말이기도 하다.

'Lekker'란 단어는 어디서든 쉽게 볼 수 있다. 사진은 마트 식품 코너에서 만난 'Lekker'

누군가가 오늘 기분 어때? 그 제품 어때? 그 모임 어땠어? 하고 물어볼 때 'Lekker'를 외친다면, 그 한마디로 모든 것이 설명된다. 굳이 표현하자면 Fantastic 또는 Cool의 의미를 포함하고 있음을 알 수 있다. 하지만 'You're so cool!'이란 좋은 표현을 놔두고 굳이 사람에게 'You're so lekker!'를 쓰게 된다면, 짐작할 수 있듯이 그 뜻은 문장 내에서 'Delicious'로 쓰여 아주 강력한 오해를 불러일으키고 민형사상 불이익(?)을 받을 수 있으니 주의해야 한다. 우리나라에서도 마찬가지로, 사람을 대상으로 '맛있다'라는 표현을 사용하면 어떤 오해가 생길지 상상해보면 이해가 될 것이다. 물론 실수로 이렇게 말했더라도 당신이 네덜란드에 오래 살지 않았거나 그저 여행객이거나, 더치어를 전혀 못 하는 경우에는 용서받을 여지는 분명 있다.(장담은 못 한다. 케이스 바이 케이스라고나 할까.)

이 단어의 원래 의미를 좀 더 짚어 보면 아래와 같다.

Lekker (비교급 lekkerder, 최상급 lekkerst)

1. Having a nice taste, tasty, delectable(맛있는, 즐거운)
   Het eten is weer lekker vandaag, mam! — The dinner is tasty again today, mum!
   (오늘 저녁도 정말 맛있어요, 엄마!)

2. Good, nice, pleasant in a more generic sense(좋다, 멋있다)
   Lekker weer! — Nice weather!
   (날씨 좋다!)

3. (구어) Hot, sexy, physically attractive(초면엔 절대…… 네버!!!)
   Hij is zo'n lekker ding! — He's such a hottie!(그는 정말 섹시해!)
   Hé, lekkere meid! — Hey, sexy girl!(헤이, 섹시한 아가씨!)

네덜란드를 설명할 수 있는 또 다른 단어는 바로 'Gezellig(케젤리크)'다.

언젠가 가장 친한 동료가 네덜란드를 북부, 중부, 남부로 나누어 각각의 특성을 이야기해준 적이 있다. 북쪽 친구들은 보수적이며 고집 세고, 중부 친구들은 그보다는 덜 보수적이지만 여전히 마음의 문을 모두 열지 않는다고 한다. 자신과 같은 남부 지방 사람들은 친근하고 또 마음이 열린 사람들임을 자랑스러워하면서. 네덜란드 땅 면적은 앞서 언급한 대로 한반도도 아닌 남한의 반도 채 안 되는 크기인데, 여기에서 각각의 특성이 그렇게 뚜렷하다니 조금은 의아하기도, 또 한편으로는 흥미롭기도 했다.

어찌 되었건, 그 친구가 각각 지역의 특색을 이야기할 때 표현한 말이 'Gezellig(케젤리크)'였던 것이 기억에 남는다. 영어로는 Cozy(아늑한)가 근접한 단어지만, Friendly(친근한) 하다거나 Open-minded(개방적인)과 비슷한 의미를 가졌다고 해도 좋다.

Gezellig (비교급 gezelliger, 최상급 gezelligst)

1. Having company with a pleasant, friendly ambience, gemütlich (즐거운, 편안한, 친근한)

2. Cozy atmosphere(아늑한 분위기)

3. An upbeat feeling about the surroundings(즐거운, 명랑한 분위기)

날씨가 따뜻했던 어느 날. 차를 타고 지나가던 암스테르담 시내의 한쪽에 수많은 사람이 식당 앞에 구름 떼처럼 모여 서서 이야기를 나누는 모습이 눈에 들어왔다. 그중 몇 명은 도로에까지 내려와 열심히 이야기를 나누는데 각자의 대화 소리가 모여 아주 큰 웅성웅성 소리가 되었고 창문을 닫은 차 안에까지 크게 들릴 정도였다. 나중에 알게 되었는데, 네덜란드 사람들은 햇살을 귀하게 여겨 날씨 좋은 날은 바깥에서 햇볕을 쬐는 것이 필수인 것과 더불어, 'Chatting'을 너무나도 사랑한다는 것이다. 식당 안은 텅텅 비어 있고, 몇 개 되지 않는 바깥쪽 테이블에 사람들이 다닥다닥 모여있는 모습이 소소한 장관일 정도.

마지막 세 번째로 소개하는 'Borrel(보렐)'이란 단어도 이와 관련이 있다고 할 수 있다. 사전적인 의미는 drink지만, 단순히 술을 마시거나 술 자체를 지칭하는 말 외에 격식 없는 Chatting이나 모임을 나타내는 말이기 때문이다.

네덜란드 사람들은 실내와 실외를 가리지 않고 서로 모여 웅성웅성 이야기 나누기를 좋아한다.

Borrel (복수형 borrels)

1. a shot of an alcoholic drink such as rum or gin; a tot(술 한 잔)

2. an informal welcome, an impromptu reception(비공식적인, 격 없는 대화 자리)

이 외에도 네덜란드 사람들의 성격을 매우 잘 나타내는 'directness(직설 直說)', 실용성과 자린고비 정신을 엿볼 수 있는 'Korting(코팅:discount)' 등이 그들을 설명할 수 있는 또 다른 말들인데 이것들은 이야기를 풀어가며 차차 설명하기로 한다.

네덜란드에 대한 오해들

누군가, 어딘가와 친해지기 위해서는 상대방을 아는 것이 우선이다. 친해지기 위해서는 먼저 '상대'가 있어야 한다. '친해진다'는 것은 물리적, 화학적 반응이 있는 상호작용이기 때문이다.

알아야 더 아름다워 보이고, 그래야 더 관심이 간다. 안다고 다 좋아지는 것은 아니지만 아는 과정에 즐거움이 있고, 더 알고자 하는 마음은 호감으로 변한다. 호감은 호감을 낳고 더해지고 더해져 사람은, 장소는, 경험은, 문화는, 여행은 그렇게 서로 친해진다. 참 기적에 가까운 일이다. 이러한 모든 경우를 아우르기 위해 사람들은 '운명'이란 말을 쓰곤 한다. 그래서 네덜란드는 어쩌면 나에게 '운명'과 같은 곳이 되어버린 것일지도 모른다. 이 글을 읽고 있는 당신에게도 말이다.

좀 더 쉽게, 그리고 빠르게 친해지기 위해서 할 수 있는 또 한가지는 '오해를 푸는 것'이다. 평소에는 잘 몰라 다가가지 못했던 친구가 의외의 매력을 지니고 있거나, 남들에게만 들어서 알고 있는 것과는 다른 모습을 볼 때면 호감은 배가 된다. 한국으로 출장 가는 경우에 개고기를 먹어야 하는지에 대한 걱정을 하는 사람들에게는 당장 오해를 풀어줘야 한다. 실제로 가보지 않고, 겪어보지 않고서 가지고 있는 오해는 너무나 강력해서 'Frame(틀)'이라는 이름으로 굳어져 버릴 수 있기 때문이다.

그렇게 오해를 풀고 나면 상대방이 다르게 보인다. 그 틈을 파고들면 더 친해질 수 있는 여지가 많다. 그러면 더 많이 알아갈 수 있다. 이러한 맥락에서 우리가 피상적으로 가지고 있던 네덜란드에 대한 대표적인 오해를 풀고 가보고자 한다.

1. 더치페이는 이제 그만

아마 모르긴 몰라도 네덜란드의 풍차나 치즈보다 한국 사람들에게 더 잘 알려진 것이 바로 '더치페이'일 것이다. 이 더치페이는 그저 네덜란드에 대한 지식으로 머무르는 것이 아니라 우리 실생활 속에 깊숙이 자리매김하고 있다. 이 말은 실제 우리 생활 속에서 살아 움직이고 작용한다. 친구들이나 동호회 인원들이 함께 모여 식사를 하면 '오늘은 각자 계산입니다.'라고 말하기보다는 '오늘은 더치페이입니다.'라고 말할 확률이 높지 않은가. 네덜란드에 대해 잘 모르는 우리네에게도 이미 더치 문화(?)는 뿌리 깊게 자리 매김 하고 있었다는 사실.

이름부터 '더치'로 시작하는 이 더치페이에 대한 의문은 꼬리에 꼬리를 물었다. 과연 이 말이 왜 생겼을까? 네덜란드 친구들은 남녀가 데이트를 할 때도 더치페이를 할까? 모르고 넘겨짚는 이러한 상상과 질문들은 뇌리에 아주 강력한 프레임으로 박혀있다. 이미 나는 네덜란드 사람이라면 모두 더치 페이를 하고 있을 거라 단정을 지었던 것이다.

네덜란드 사람들의 삶을 옆에서 지켜보면 과연 그럴 만도 하다는 생각이 든다. 검소함과 자린고비 정신으로 똘똘 무장한 네덜란드 사람들이니 그러고도 남을 거라는 생각이 자연스레 들었다. 세계에서 평균 신장이 가장 큰 사람들이 소형 해치백에 몸을 구겨 넣고 다니고 비바람이 부는 와중에도 꿋꿋하게 자전거를 타고 다닌다. 점심시간엔 간단한 샌드위치 한 조각을 먹는 것으로 식사를 마무리하고 옷은 참으로 수수하고 간편한 실용적인 옷을 입는다. 즉, 삶에 군더더기가 없다.

회사 근처 주차장. 소형 해치백 차량들이 즐비하다. 대형차는 찾아볼 수 없다.

여행을 미친 듯이 사랑해서 캠핑카를 끌고 다니는 네덜란드 사람들은, 관광지에 도착해서 자신들이 싸 온 음식만을 먹고 그 자리에 쓰레기(특히 감자껍질)만 놓고 가기에 다른 유럽 사람들에게 요주의 대상이라는 우스갯소리가 있을 정도다. 네덜란드 친구들도 부정하지 않는다. 큰 웃음과 함께 흔쾌히 이 농담을 받아들이는 걸 보면 그저 농담은 아닌 것 같다. 이런 모습과 저런 이야기를 듣다 보면 더치페이는 아주 당연히 행해져야 할 이 친구들의 삶의 방식인 것이다. 그러기에 더치페이에 대한 단정은 편견이나 프레임이 아닌, 알고 있던 것의 재확인 차원이라 생각했다.

그런데, 네덜란드에서 그 유명한 더치페이를 해 본 적이 별로 없다는 걸 깨달은 건 이곳에서 한참을 지내고 난 뒤였다. 오히려 이 친구들에게 대접 받은 기억만 남아 있었다. 내가 대접을 받으면 받았지, 계산할 때 정색하며 각자의 지갑을 여는 것을 본 적이 없는 것이다. 자신이 먹은 것은 자신이 내는 정도의 수준이지 너와 나를 구분 지어 상황을 막론하고 정떨어지게 '더치페이 하자'고 하진 않는다. 오히려 '이 식사는 내가 대접하겠다'고 하는 경우가 더 많았다.

네덜란드에 처음 부임하자마자 함께 일하는 친구들에게 물어본 질문은 바로 제방을 손가락으로 막아 마을을 구한 소년 이야기가 진짜인지, 그리고 네덜란드 사람들은 남자와 여자가 데이트하더라도 무조건 더치페이를 하는 지에 대한 것이었다. 두 질문에 대한 대답은 뜻밖에 모두 'No'였다. 우선 손가락으로 제방을 막아 마을을 구한 소년의 이야기는 출처를 모르는 설화에 가까운 이야기였고, 데이트에서 더치페이를 하는 경우도 드물다고 했다. 그런데도 거기에 대해 적극적으로 변명하거나 설명을 하진 않았다. 질문의 의도를 알았다면 더치페이의 유래가 어떻고, 어떤 문화적 특성에 기반을 둔 것인지에 대한 간단한 설명 정도는 나올 거라고 기대했는데 말이다. 참으로 이상했다. 그래서 직접 찾아보니 이것이 크나큰 오해였음을 알게 되었다. 유래는 16~17세기로 거슬러 올라간다.

이 시대는 바야흐로 네덜란드의 황금기. 동인도 회사를 일으켜 해상 무역을 제패하고 세계 경제를 장악했던 때다. 이 작디작은 나라가 말이다. 스스로 대국임을 자처하는 영국은 이를 못마땅하게 여겼다. 더불어, 식민지 개척에 박차를 가하던 영국에게 네덜란드는 눈엣가시였다. 사사건건 부딪치던 네덜란드와 영국은 결국에는 3차례에 걸쳐 네덜란드-영국 전쟁을 하게 된다.

이러한 와중에 네덜란드 사람들과 갈등을 빚던 영국인들은 네덜란드 사람들을 비꼬기 시작한다. '더치'란 단어를 부정적으로 쓰게 된 이유다. 쪼잔하거나 구두쇠이거나, 고집이 센 사람들에게 "Go Dutch!"(더치 사람들처럼 해라! 더치식으로 해보자!)라고 말하기 시작했다. 'Dutch Pay' 또한 "네덜란드 사람들처럼(정 떨어지게)그냥 각자 내자!"라는 의미로 사용되었다.

가끔은 'Dutch Treat(Dutch Pay와 같은 뜻)'으로 사용되기도 하는데, 부정보다는 긍정적인 경험을 많이 한 내게 'Dutch Treat'은 말 그대로 '네덜란드식 대접', 즉 나누고 베푸는 것을 좋아하는 네덜란드인의 '정'을 그대로 담은 단어로 여겨진다. 네덜란드 친구들은 자신의 생일에 스스로 케이크나 간식을 사서 사람들에게 나눠준다. 우리나라와는 정반대다. "나 생일이니 축하해줘"가 아닌 "내 생일이니까 마음껏 먹어"가 되겠다. 사무실에서도 곳곳

자신의 생일이면 케이크나 간식을 공유한다. 이번 나의 생일엔 아이스크림 트럭을 불러 동료들을 대접했다.

에 내 생일이니 마음껏 즐기라는 메모와 함께 갖가지 과일과 초콜릿, 케이크와 빵이 즐비한 것이 바로 'Dutch Treat'인 것이다.

풍차와 치즈보다 더 유명한 더치페이에 대한 편견을 가지고 그들을 오해하고 있었다고 생각하니 네덜란드 친구들에게 조금은 미안한 마음이 들었다. 그래서 지금껏 'Dutch Pay'보다는 긍정적 의미에서 'Dutch Treat'을 더 많이 받은 나로서는, 이러한 오해를 풀고 편견을 없애야겠다는 소박한 사명감이 생겼다. 아낄 땐 아끼고 쓸 땐 쓸 줄 아는, 멋진 네덜란드 친구들을 위해 우리 모두 이러한 오해는 풀고 좀 더 친한 사이가 되었으면 한다. 우리, 좀 더 친해지길 바라!

2. 네덜란드는 환락과 퇴폐가 가득한 곳일까?

간혹 도시의 이름이 나라의 그것과 동등하거나 그 이상의 이미지를 심어주는 경우가 있다. 미국의 뉴욕이 그렇고, 프랑스의 파리가 그렇다. 도시가 가지는 이미지가 매우 강한 경우다. 각자의 도시가 자신의 색깔을 스스로 잘 만들고 사람들에게 어필했다는 뜻이기도 하겠다. 파리의 낭만이 파리에만 국한되지 않고 프랑스 전체를 아우르는 것이 좋은 예다. 편견이나 이미지라는 말로 바꿔 표현할 수 있겠다.

편견은 프레임이다. 사람들은 각자의 프레임을 가지고 외부 정보를 받아들인다. 프레임은 제법 똑똑한 역할을 해낸다. 프레임은 생각과 판단의 비효율성을 제거하고 경제적인 선택을 하도록 돕는다. 치마를 입었으면 여자라 생각하고, 험악하게 생긴 사람을 보고는 엮이고 싶지 않아 자리를 피한다. 소년이라면 바비 인형보다는 로봇을 좋아하리라 판단하여 로봇 선물을 미리 준비한다.

이러한 프레임은 그럭저럭 잘 맞는다. 하지만 세상살이 예외는 있는 법. 무서운 것은 우리가 프레임에 도움을 받는 것이 아니라 갇히게 되는 것이며, 더욱더 무서운 것은 프레임 안에 갇힌 것을 모르고 그것이 세계의 전부인 줄 알고 살아간다는 것이다.

그렇다면 사람들이, 그리고 우리가 가지고 있는 암스테르담 그리고 홍등가의 프레임에 대해 잠시 이야기해보자.

여기 각 나라의 도시들이 가면을 쓰고 무대에 섰다. 각자의 매력을 뽐내기 전, 자신들의 가면을 쓰고 관중들에게 그 매력을 사전에 어필하고 있다.

에펠탑 형상의 가면을 쓴 도전자는 낭만으로 가득 찬 사전 심사평을 받고, 사그라다 파밀리아 가면 속 도전자는 자연과 하나 된 디자인이라며 찬사를 받는다. 두오모 가면을 쓴 도전자는 패션이 뛰어나다는 평가를 받았고, 여기 'Iamsterdam'이라는 유명한 Letter 가면을 쓴 도전자는 퇴폐적이라는 따가운 시선을 받는다. 이내 이 도전자의 귀는 빨개지고 관중들은 저럴 줄 알았다며 손가락질을 한다. 어떤 이는 퇴폐적일 뿐만 아니라 마약과 도박을 일삼는 천하의 나쁜 도전자라며 힘을 더한다. 바로 옆 아름다운 풍차와 튤립 가면을 쓴, 같은 곳에서 온 도전자만이 그 어깨를 토닥이고 있을 뿐이다.

네덜란드 이상으로 잘 알려진 암스테르담, 거기에 홍등가라는 단어가 더해진다면 우리가 생각하는 그곳은 성경 속 소돔과 고모라, 또는 배트맨의 고담 시티와 같은 환락의 도시로 치부될지 모른다. 우리의 프레임이 그렇다. 암스테르담이라는 단어를 검색해보면 연관 검색어에 홍등가는 무조건 따라오고, 그곳에서의 경험담(?)을 나누고 묻는 사람들의 글들을 쉽게 찾아볼 수 있다. 대부분은 엉터리 답변만이 가득하다. 이처럼 우리는 어떠한 프레임 속에 갇혀 있고 그 프레임은 어느 한 존재를 심하게 규정하고 만다.

그렇다고 나는 암스테르담 홍등가를 강제로 미화해서 묘사할 순 없다. 그곳에서 성매매나 마리화나, 그리고 도박이 실제로 행해지고 있기 때문이다. 이는 물론 '합법적'으로 이루어진다. 합법적이라 하니 사람들의 프레임은 더 강해진다. 우리에겐 불법인 것들이 합법적으로 이루어진다니, 뭔가 기대가 큰 모양이다.

일단 홍등가에 대해 설명을 해야 하겠다. 암스테르담 홍등가는 지도상 담 광장에서 중앙역으로 이어지는 담락(Damrak) 거리의 동쪽에 6,500 square meter로 자리 잡은 곳이다. 암스테르담이면 도시 전체가 홍등가일 것 같지만 홍등가 구역은 따로 존재하고 또 이 홍등가는 다른 주요 도시에도 존재한다. 현재는 그 수가 많이 줄어 치즈로 유명한 알크마르(Aalkmaar)와 몇 개 도시 일부에 소규모로 남아 있지만 역시나 암스테르담 홍등가가 가장 규모가 큰 관광단지의 역할을 하고 있다.

'Red Light District'(RLD)으로 더욱 유명한 이 이름은 1894년 미국 밀워키에서 처음 사용되었다가 네덜란드로 전해졌다는 설이 있다(하지만 네덜란드가 뉴욕의 조상이라는 것을 기억해야 한다). 홍등가를 가보면 말 그대로 홍등(Red Light)이 걸려있고, 거리는 밤새 붉은빛을 내비친다.

네덜란드에서는 이 지역 이름이 'De Wallen(드 발렌)'으로 통한다. Wallen은 wall(벽)이라는 뜻에서 유래한 것으로 보이는데, 이 지역이 암스텔 강을 댐으로 막아 만든 곳이고 '벽'은 바로 '댐'을 빗댄 말이다.

예로부터 뱃사람과 이주민, 그리고 관광객으로 가득 찬 이곳은 그들의 주머니를 열기 위해 성매매, 도박 그리고 마약이 자유롭게 거래되고 행해지던 곳이었다. 즉, 네덜란드 사람들이 퇴폐적이어서 그렇다기보다는 오히려 그들의 장삿속이라고 볼 수 있다. 그렇다고 네덜란드 정부 또한 범죄의 온상이 되는 이곳을 그대로 허용했을 리 없다. 용인은 하되 자정(自淨)의 움직임은 보였는데, 14세기 이전부터 시작된 이곳의 성매매는 1578년 불법으로 간주되었다. 물론, 불법으로 정한다 해도 그 욕망이 사라지는 것은 아니므로 공공연하게 길거리나 도박장, 숙소 등에서 성매매는 계속되어왔다.

18세기에 접어들면서 홍등가는 뱃사람들의 도박장으로 변모한다. 성매매는 이곳을 파고들어 도박과 함께 암스테르담의 주요 수입원이 된다. 1811년 나폴레옹의 프랑스 군인들을 주요 고객으로 홍등가는 '합법'의 길에 들어선다. 이때 매춘부들의 건강검진이 처음으로 시행이 되었고 'Red Card'는 일종의 영업권을 보장하는 증표가 되었다. 그로부터 정확히 100년 후인 1911년 홍등가는 또다시 불법이라는 철퇴를 맞고, 1935년 즈음에는 마사지, 네일케어, 뷰티샵 등의 이름으로 공공연히 불법 성매매가 이루어진다.

마침내, 2000년에 접어들어 네덜란드는 성매매를 합법화 하고 음지의 것들을 양지로 끌어올려 라이센싱 제도를 운영한다. 이때 성매매를 할 수 있는 나이를 18세에서 21세로 개정하고 매춘부들은 EU Citizen만 일할 수 있도록 한정했다. 외국인들도 예외의 경우가 있는데, 남편이 EU Citizen인 때에만 성매매를 할 수 있다.

현재 300여 개의 독립된 방으로 이루어진 암스테르담의 홍등가는 주로 동유럽 여성들이 그 자리를 차지하고 있다. 약 75%의 여성들이 동유럽에서 왔다고 추정되는데 이는 경제 논리로 쉽게 설명할 수 있다. 동유럽의 어느 한 나라는, 이 여성들이 돈을 벌어 자신의 고향 집을 방문하는 그때 나라의 소비 경제가 활성화된다는 말이 있을 정도다.

암스테르담 구시가지 교회 앞에 있는 'Belle' 조각상. "세상 모든 성 노동자를 존중하라"는 문구가 보인다.

300여 개 방마다 각자의 사연과 이야기가 있는 이곳, 불법과 합법을 오 갔지만 인간의 욕망은 끊이지 않았던 이곳. 바로 암스테르담 홍등가이다.

출장자들이 네덜란드를 방문하면 나는 홍등가 투어를 권유하고 직접 그 들을 안내한다. 남녀노소 불문 없다. 이에, 사람들은 그들이 가진 프레임 때 문에 바로 "아니, 거길 왜 가?", "어떻게 나한테 그런 걸 보라고……"라며 손 사래를 친다. 결과는? 막상 가보면 그곳의, 그러니까 홍등가뿐만 아니라 암 스테르담의 매력에 푹 빠지게 된다.

네덜란드가 선진국이라고 느낀 것은 단순히 GDP가 높아서가 아니다. 암 스테르담을 제외한 여러 도시가 큰 빈부격차 없이 골고루 잘 사는 것을 볼 때 더욱 그러하다. 암스테르담을 벗어나면 도시 각각이 자신의 매력을 충분 히 가지고 있되, 전원적인 모습을 보인다. 각각의 도시와 마을은 자연과 하 나 되고 풀을 뜯는 양과 소, 그리고 지평선이 보이는 목초지와 곳곳의 운하 는 왜 반 고흐가 탄생했는지를 말해준다.

지평선과 어우러진 목초지의 모습. 네덜란드 어느 곳을 방문해도 쉽게 볼 수 있다. 그림을 찍는 기분이다.

그래서 나는 네덜란드를 여행할 때 암스테르담을 가장 늦게 볼 것을 권 유한다. 암스테르담을 처음 보고, 암스테르담만 거쳐 간다면 네덜란드에 대한 프레임이 한정되기 때문이다. 전원적이고 자연 친화적이고, 지평선이 뻥 뚫려 나만의 사색이 가능한 네덜란드의 매력이 순간, 환락의 도시로 봉인 되고 만다.

하지만, 그렇다고 해도 할 수 없다. 사람들은 대부분 네덜란드를 여행의 최종 목적지로 오는 경우가 드물어서 주로 보게 되는 것은 암스테르담이고, 막상 갇힌 프레임을 가지고 오더라도 실제로 보고 나면 그 프레임이 깨지진 않지만 더 넓어질 수 있기 때문이다.

그래서 왜 암스테르담 홍등가가 아름다운지, 왜 퇴폐적인 곳이 아닌 즐거운 곳인지 이야기를 하고 싶다.

낮에도 켜진 홍등과 꽃의 조화

첫째, 암스테르담에서 가장 오래된 거리다.

홍등가기 자리 집은 Ouder Kerk (Old Church) 주변은 운하와 조그마한 다리, 오리와 백조들이 어우러진 어느 하나의 향연이다. 중세시대 그대로의 돌바닥과 베네치아보다 오래된 물 위의 집들이 암스테르담의 캐릭터를 확고히 한다. 오래된 길을 걸으며 볼 수 있는 건 환하게 웃는 매춘부들의 웃음뿐만 아니라 삐뚤빼뚤 기울어진 집과 유유자적한 보트하우스, 관광객들이 활기차게 웅성거리는 모습이다.

암스테르담 홍등가 주변 아름다운 운하

　에펠탑이나 가우디 성당같이 카메라를 들이댈만한 곳은 없지만 눈과 마음으로 먼저 느낄 수 있는 공간이다. 운하 곳곳에 떠다니는 개인 소유의 배 위에서 친구들과 음악을 틀고 맥주 한 잔을 곁들이며 일상을 즐기는 사람들의 모습을 보면, 각박하게 살아가는 한국 사람으로서 심히 질투가 날 정도다.

　홍등가라 해서 성욕에 목마른 남자들만이 가득한 곳이 아니라 유모차를 끄는 부모, 사랑하는 연인이 손잡고 오붓하게 걷는 거리라는 것을 보면 암스테르담 홍등가에 대한 오해는 풀려야 함이 마땅하고, 퇴폐적인 곳이 아닌 역사의 추억을 간직한 아름다운 거리라는 것을 인정하게 된다. 더불어 '낭만'이라는 단어가 절로 떠오르는 것은 이상한 일이 아니다.

　참고로 수백 개의 홍등가 안에는 청등도 존재한다. 무엇을 의미하는지는…… 여러분의 상상이 맞을 것이다.

운하 야경

중앙역 앞 삐뚤빼뚤한 집들. 암스테르담에 와 있다는 것을 실감케 한다.

둘째, 담 광장과 중앙역을 잇는 담락(Damrak) 거리는 암스테르담의 상징과 같다.

네덜란드 왕궁이 자리 잡은 담 광장에서 중앙역까지 이어지는 약 1km 구간이 아마 한국 사람에게 가장 유명한 곳일 것이다. 앞서 이야기했듯 네덜란드는 하루 코스로 오는 경우가 많은데 이때 둘러보는 곳이 담 광장 근처 담락 거리이기 때문이다. 그래서 네덜란드 관광을 검색해보면 수많은 블로그에 담락 거리에서 먹은 감자튀김과 홍등가 내용이 만연하다. 담 광장과 중앙역을 잇는 이 길 이름의 뜻은 Dam(댐) + Rak(Reach)으로, 댐 근처를 수

직으로 가로지르던 곳을 일컫는 데에서 유래되었다. 즉, 지금은 많은 상점과 기념품 가게 그리고 맛집이 즐비하지만 원래는 물길이었던 것이다.

　네덜란드의 경제 수도는 암스테르담이지만 행정 수도는 헤이그다. 고로, 왕과 왕비는 헤이그에 머무르고 암스테르담 담 광장에 위치한 네덜란드 왕궁은 주요 국빈 방문용으로 쓰인다. 네덜란드 왕궁을 마주하고 있는 2차 대전 희생자 위령탑은 담락 거리의 초입에서 관광지의 역할을 다한다.

　담 광장과 담락 거리가 가장 눈에 띄고 아름다울 때는 Kermis(케르미스)[1]가 들어설 때다. 거짓말 조금 보태면 런던아이 안 부러울 정도다. 네덜란드는 산이 없고 지반이 약해 높은 건물이 없는데, 그나마 네덜란드의 야경을 높은 곳에서 볼 수 있는 때가 바로 이때다. 만약 당신이 네덜란드에 여행 와서 이 케르미스를 보고 관람차에 몸을 싣는다면 그 누구보다 행운을 맞이한 사람이라고 해주고 싶다.

네덜란드 왕궁

2차 대전 희생자 위령비

---

1 **케르미스** : 축제일에 들어서는 장을 의미하는 말로, 네덜란드에서는 왕의 날이나 크리스마스, 부활절 등에 이동식 놀이기구가 들어선다. 이 규모가 생각보다 대단해서 도심 속 장관을 연출한다.

네덜란드 왕궁 담 광장 앞에 들어선 케르미스. 전혀 어울릴것 같지 않은 것들의 조화가 이채롭다.

케르미스는 이동식이지만 생각보다 규모가 크다.

관람차에서 바라본 암스테르담 전망

셋째, 퇴폐적이기보다는 유쾌한 라이브 쇼

네덜란드 홍등가의 라이브 섹스 쇼는 유흥업소가 아닌 극장으로 분류된다. 네덜란드 대법원의 판결이니 그러려니 해야 한다. 국회에서도 유흥업소인지 아니면 극장인지에 대한 설왕설래가 있었으나 최종 극장으로 분류되면서 라이브 쇼 오너들은 6%의 부가세만 내게 되었다.

실제로 라이브 쇼를 보게 되면 바로 눈앞에서 벌어지는 커플의 섹스와 여성의 적나라한 스트립쇼는, 이게 사실인지 아닌지 현실을 혼란케 한다. 다만 그 향연은 기대(?)와는 다르게 제법 유쾌하다. 퇴폐적이지 않고 유쾌할 수 있음은 바로 관객 참여의 시간을 겸비한, 철저히 관광객 맞춤 쇼이기 때문이다.

나 또한 무대 위로 불려 올라가 강남스타일 댄스를 추며 스트립걸과 호흡을 함께한 경험이 있다. 여성들은 남자 모델의 옷을 벗기며 비명을 지르고, 온 관객이 하나 되어 웃음을 터뜨린다. 친구 단위 또는 혼자 오는 여성 관객도 많다. 라이브 쇼는 문화라 생각하고 얼마든지 즐길 수 있으니 꼭 한 번 관람할 것을 권유한다.

어쩌면 퇴폐라는 것은 사람들의 본능과 본질을 숨기려 하는 가식에서 나오는 것 아닐까 하는 생각이 든다. 그래서 암스테르담은 우리 각자에게 이

한밤의 홍등가 골목

라이브 쇼 극장 앞 사람들

암스테르담에서 가장 유명한 라이브쇼 극장 "Casa Rosso"

렇게 속삭이는 것 같다.

"오늘 하루, 바로 이곳에서는 그 가식을 한 번 벗고 맘껏 즐겨보는 것이 어때?"

또한, 암스테르담 홍등가는 치안이 가장 안전한 곳으로 손꼽힌다.

홍등가 사이사이를 다니다 보면 말을 타거나 자전거를 타고 순찰하는 경찰들이 자주 보인다. 아예 홍등가 구역에 커다란 경찰서가 있다. 밤사이 돌아다녀도 위험이 덜하다. 실제로 밤늦은 새벽에 여러 번을 돌아다녀 봤지만 위협적인 사람을 만나거나 위험한 상황이 발생한 적은 없다. 대부분 얼굴이 상기된 관광객들과의 마주침이니, 오히려 서로가 즐기고 서로가 조심한다. 물론 '생각보다' 안전하다는 이야기이니 안전은 언제나 각별히 챙겨야 한다.

더불어 이어지는 콘돔 가게와 섹스숍 등을 오가다 보면 처음엔 부끄러움을 마주하지만 이내 호기심과 신기함에 발동이 걸려 순진무구(?)한 눈빛과 얼굴로 이런저런 물품들을 만지고 자세히 보는 자신을 발견하게 된다. 어쩌면 이러한 것들이 사람들을 좀 더 솔직하게 하고, 그것이 활기가 되어 암스테르담의 문화를 만들어가고 있는지 모르겠다.

그래서 암스테르담 홍등가의 밤은 어느 누구의 낮보다 아름다울 수 있을지도.

마침내 가면 속 진짜 얼굴이 밝혀지고 사람들의 탄성이 나온다. 이전엔 몰랐던 매력을 깨닫고 환락만 있는 곳이 아닌, 낭만과 사랑 그리고 역사와 스토리에 유쾌한 환락이 더불어 있다는 것에 대한.

3. 풍차와 튤립이 네덜란드 것이 아니라고?

'원조'하면 족발이 먼저 떠오른다는데, 나는 '닭 한 마리'가 떠오른다(사실, 지금 여기 네덜란드에서 먹고 싶다!). 동대문에 가면 많은 닭 한 마리 집이 있는데, 가장 눈에 띄는 이름은 원조(元祖)도 아닌 무려 시조(始祖)점이다. 이렇듯 누가 먼저 시작했는지는 우리 삶에 있어 매우 중요한 화두다.

네덜란드 하면 풍차가 떠오르고 풍차 하면 네덜란드가 떠오른다. 튤립도 마찬가지다. 이렇게 네덜란드, 풍차, 튤립은 불가분의 관계로 우리 머릿속에 박혀 있다. 나도 네덜란드 공항에 처음 도착했을 때는 밖에 나가면 많은 풍차를 쉽게 볼 수 있을 것으로 생각했다. 튤립 꽃밭을 거닐면서. 좀 과한 생각이긴 했지만, 막상 나와 보니 그 두 가지를 볼 수 없어도 이렇게 못 볼 수 있을까 하고 생각했다.

그 많다던 풍차와 튤립은 어디 있을까?

바꿔 생각해보면 우리나라도 마찬가지이긴 하다. 아마 많은 외국인은 우리나라 공항에 도착하면 한옥 정도는 많이 볼 수 있을 거라고 생각할 것이다. 하지만 그들이 한옥을 보려면 한옥 마을에 가야 한다.

그럼 네덜란드에서 우리는?

그렇다. 풍차 마을에 가야 한다.

우리가 관광지로 많이 알고 있는 풍차 마을은 'Zaanse Schans(잔세스칸스)'라 불리는 곳으로, 작은 치즈 공장과 네덜란드 전통 나막신인 '클롬펀(Klompen)' 박물관이 함께 있어 볼거리가 많다. 출장 오는 손님들이 많아 원하지 않아도 많이 가보게 되는 곳 중 하나인데 암스테르담에서도 차로 30분 거리로 구경 가기 부담이 없고 치즈나 클롬펀을 직접 살 수 있다. 치즈 상점에서는 치즈도 배불리 먹어볼 수 있다. 요즘은 중국 관광객들도 많이 오는 곳 중 하나다.

풍차 마을에서 바라본 하늘

또 하나의 풍차 마을은 암스테르담에서 차로 1시간이 조금 넘는 100킬로미터 떨어진 곳에 있다. 이름은 Kinderdijk로 한국 말로는 '킨더다이크' 정도 되겠다. 관광객들에게는 잔세스칸스가 널리 알려졌지만, 킨더다이크는 유네스코 문화재로 등록된, 아는 사람들에게는 더욱더 유명한 곳이다. 잔세스칸스는 걸어 다니면서 풍차를 볼 수 있지만 킨더다이크는 배를 타야 전경을 다 둘러볼 수 있다는 차이점이 있다.

95년 전만 해도 네덜란드에 1만 개가 넘는 풍차가 있었다고 한다. 현재는 전국에 약 1천 개 정도가 남아있다. 풍차보다 많이 보이는 거대한 바람개비 형상의 풍력 발전기가 돌며 풍차의 자리를 대신하고 있다.

이제는 풍차보다 더 많아진 풍력 발전기

그리고 튤립을 보려면?

유럽의 정원으로 알려진 'Keukenhof(큐켄호프)'를 찾아가면 된다. 4~5월이 성수기인데, 5월 중반만 넘어가도 꽃이 많이 시든다. 4월 중순에서 말이 절정이라고 보면 된다. 이곳이 너무 멀고 시기를 맞추기가 어렵다면 암스테르담 근처 꽃시장을 방문하면 된다. 수많은 튤립의 종류는 물론, 씨앗(구근)까지 살 수 있으니 위로가 된다.

암스테르담 꽃시장(Bloemenmarkt)

　그런데, 이렇게 기껏 설명한 풍차와 튤립이 네덜란드 것이 아니라고 한다
면 듣는 사람은 기분이 어떨까? 놀랍게도 풍차는 기원후 7세기 페르시아 제
국 지역에서 유래되었다고 한다. 지금으로 치면 이란 사람들이 만들었다는
설이 가장 유력하다. 튤립도 마찬가지. 이름의 유래부터 회교도들이 머리에
두르는 'Turban(터번)'에서 왔고, 파미르 고원에서 야생으로 자라던 꽃은

터키를 지나 16세기 한 식물학자에 의해 네덜란드로 전해졌다고 한다. 이를 반영하듯 터키의 국화도 튤립이다.

16세기 이후 네덜란드는 어렵사리 간척한 땅에 쌀과 밀보다는 돈이 더 될 것으로 생각한 튤립을 심기 시작했다. 그리고 개량을 거쳐 다양한 색깔과 무늬의 꽃, 각양각색의 모양을 만들면서 값을 올려 받기 시작했다.

17세기에 이르러 황금 시대를 맞이한 네덜란드에서는 튤립 구근이 교양과 부의 상징이 되면서 값이 천정부지로 올라 구근 하나가 집 한 채 이상의 값어치를 하기도 했다. 세계에서 '주식'의 개념을 가장 먼저 만든 네덜란드에서, 튤립의 구근은 돈과 함께 주식으로 사용되어 동인도 회사의 배를 띄우는 역할을 하기도 했다. 튤립으로 인해 네덜란드는 경제적 흥망을 겪었다. 정확히 이야기하면 사람들의 욕심과 과열된 허상에 튤립이 이용되었다고 할 수 있겠다. 꽃만큼 아름답지만은 않은 이 이야기는 후에 설명하겠다.

자, 그럼 네덜란드의 원조인 줄 알았던 풍차와 튤립이 다른 곳에서 왔다고 하니 우리는 실망을 해야 할까? 나는 오히려 네덜란드인들이 대단하다고 생각한다. 풍차를 받아들여 발전시키고 자연을 극복하며 땅을 개간한 대단한 사람들. 게다가 네덜란드 풍차는 다른 지역 풍차와 달리 풍향에 따라 풍차의 방향을 바꿀 수 있도록 설계되어 있다. 튤립 또한 어렵게 개간한 땅에 심어 가치를 창출한 예라고 볼 수 있다. 기원과 유래는 아니라도, 지금은 누구도 풍차와 튤립이 네덜란드 것이 아니라고 할 사람은 없을 것이다.

네덜란드 사람들의 매력은 이런 것이다. 이렇듯 자신들의 삶을 개척하고 받아들여 강력한 전통으로 만드는 것. 그리고 새로운 문화와 가치를 창출하는 것. 아무나 할 수 없다는 생각이 든다.

"꽃을 돌아보게 만드는 여유, 네덜란드"

벌써 약 20년 전이다.

사회에서 주먹 좀 썼다는, 소위 말하는 조직폭력배의 일원이었던 내 군대 후임은 커다란 덩치를 구기고 웅크려 앉은 채 자신의 사물함 앞에서 뭔가를 끄적거리고 있었다. 그러고 보니 나이트 클럽 웨이터 출신의 선임병이나 법

학을 전공했다는 동기 녀석도 주말이나 여유 시간엔 어김없이 같은 자세로 뭔가에 열중했다. 나 또한 다르지 않았다. 그 순간에는 모두가 시인이었고 문학자였다. 책을 읽거나, 시를 지어내거나 편지를 쓰거나. 주먹 좀 썼다는 후임의 편지를 훔쳐보니 각양각색의 색연필이 지나간 흔적이 역력했다. 하얀 편지지는 마치 초등학생이 엄마 화장대 앞에서 어깨너머로 배운 모양대로, 얼굴 가득 화장품을 발라댄 양 갖가지 색이 칠해져 있었다. 군대가 그렇게 만든 것이다. 사람을.

힘들었던 기억을 제하고 보면 꽤 의미 있는 시간들이 있었다.

낮은 포복을 하며 땅바닥에서 기던 그때는 눈앞의 흙과 콧내음으로 들어오던 그 냄새가 새록하기도 했다. 어느 숲속 한가운데서 매복을 하고 있노라면 그 푸른 나무와 가지들, 그리고 풀들은 어느새 친구가 되기도 했다. 보초를 서며 바라보던 달 밝은 밤의 하늘과 어우러진 커다란 아카시아 나무의 실루엣은 귀뚜라미 울음소리와 함께 하나의 그림으로 남았다. 몸은 힘들어도 마음의 여유가 그래도 조금은 더 있었던 군대 시절에 느낀 것들이 소중하게 기억되는 이유다.

조폭이 군대에 와서 여린 감성의 편지를 쓰는 사람이 된 가장 큰 이유가 바로 마음의 여유였다. 몸은 힘들지만 단순해지는 생각과 강제성이 동반된 자기반성. 그러다 보니 풍부해지는 감수성이 싸움의 용도로 쓰이던 주먹을 아기자기한 편지를 쓰는 데 사용하게 만든 것이다.

마음의 여유가 있으면 작은 것들이 눈에 들어온다.

햇살이 따사로운 6월의 어느 날. 오늘. 점심시간 그간 복잡했던 몸과 마음을 추스르기 위해 산책에 나섰다. 마음에 여유가 없었을 뿐더러 그간 날씨가 산책하기에는 좀 무리가 있었더랬다. 좀처럼 나아지지 않을 것 같은 미래와 당장에 산적한 업무, 그리고 이슈들. 햇살에 이끌려 그래도 나온 산책 길이 조금은 위로가 되었다.

지나치다 작은 꽃무리들을 만난다. 그래, 여기에는 주위에 꽃이 많았지. 그러고 보니 푸른 잔디와 나무들, 살랑이는 바람, 곳곳을 유유히 흐르는 운하까지. 뒤뚱거리는 오리들의 여유로운 모습 속에서 군대에서 느끼던 마음의 여유를 잠시 기억해냈다. 마음의 여유가 있으면 작은 것들이 눈에 들어온다. 반대로, 작은 것들이 눈에 들어오면 맘에 여유가 생길 수도 있음을 다시한 번 더 깨닫는다. 아무래도 오늘 산책 잘 나온 것 같다.

유유히 흐르는 운하를 보며 누군가는 말한다.

물이 생각보다 맑지는 않네요.

물결에 따라 반짝이는 햇살이 정말 예쁘네요.

그런 말에 무언가를 쉬이 판단하지 않는다. 이는 그 사람의 성격에 따른 것이 아니라, 그날의 감성과 기분에 따라 달라질 수 있는 것이기 때문이다. 어쩌면 기분이 좋고 마음의 여유가 있어 물결의 햇살을 보는 것일 수도 있고, 그 날의 기분이 가볍지 않아서 물의 탁한 정도를 먼저 보는 것일 수도 있겠다. 뭐, 성격이 그렇다고 할 수도.

꽃을 보는 여유를 주는 이곳, 네덜란드.

푸르른 나무. 유유히 흐르는 운하. 저기 멀리 한가롭게 자전거를 타고 가는 사람들. 우리네 눈으로 보면 부럽기 짝이 없는 모습이다. 저 사람들은 '불행'이라는 단어를 알기나 할까? 각종 통계에서 보여주는 네덜란드 사람들의 행복 지수는 그들의 모습과 잘 어울렸다. 나라도 여기서 태어나고 자랐으면 어쩌면 시인이나 화가가 되었을지 모른다고 생각해보기도 한다.

많은 네덜란드 친구들과 이야기를 해보면 자신이 스스로 얼마나 행복한

지 깨닫지 못하는 경우가 많다. 이렇게 사는 것이 당연한 것이기 때문이다. 이렇게 자라왔고 이런 걸 보고 살아왔으니 말이다.

나는 토종 한국 사람으로서 그들처럼 여유롭게 살 수 없다. 그러고 싶지만 천성이 그렇지 못하다. 여유라는 것을 쫓을수록 불안이라는 기재는 소스라치게 들러붙을 것이다. 그래도 잠시의 여유는 삶의 활력소다. 아주 잠깐의 여유를 잠시라도 즐기지 못하면 우리는 잃는 것이 너무 많아지게 된다. 잠시라도 좋다.

네덜란드는 잠시라도 여유를 갖게 해주는 곳이다. 곳곳의 푸른 평야와 목초지. 한가로이 풀을 뜯는 말과 소, 그리고 양떼를 보다 보면 꽃이 보인다. 그리고 여유가 보인다. 맘속에 여유가 얼마나 없었는지, 비로소 보인다. 도처에 여유라는 것이 만연해 있는데 내 맘속에만 없었을 뿐이다.

업무에 지쳐 메마른 나에게 저기 작은 꽃무리가 나에게 속삭인다.

나 어때? 예쁘지? 나랑 같이 사진 한 번 찍고 기분 풀어. 마음의 여유를 좀 가져봐!

점심시간의 특별날 것 없는 발걸음이었지만, 나는 잠시 마음속 여유를 기억해냈다. 군대에서도 만들어내던 마음의 여유. 널린 것이 푸르름인데 그 푸르름을 느끼지 못하는 나의 닫힌 마음. 몸만 햇살에 노출시킬 것이 아니라 마음도 햇살에 좀 널어놔야겠다. 당분간. 좀.

Part 2. 암스테르담 이야기

1969년 3월. 암스테르담 힐튼 호텔 스위트룸 902호. 어느 유명인 둘이서 퍼포먼스를 예고했다. 그 둘은 남자와 여자여서, 그들이 "우리는 우리 침대에서 해프닝을 벌이겠다!"라고 공표했을 때 많은 사람의 머릿속에 음흉한 생각이 들 수밖에 없었다. 실제로 암스테르담 경찰은 그들에게 경고했다. 수많은 사람들을 불러모아 놓고 그러한 일(?)을 벌인다면 가만두지 않겠다고.

그러나 뚜껑을 열었을 때, 즉 힐튼 호텔의 어느 방문을 열었을 때 기자단이 본 것은 창에 붙어 있는 침대 위에 나란히 앉아 있는 남자와 여자, 그리고 그들이 손수 적은 'Bed Peace', 'Hair Peace' 포스터였다. 전 세계의 기자들 앞에서 독특한 형태의 '운동'을 만들어낸 것이다. 자신들의 신혼여행에 평화시위를 접목한 것이다. '베드-인' 시위였다. 보통 사람이나 덜 유명한 사람이 그랬다면 그저 작은 해프닝으로 끝날 일이었지만, 그 두 사람의 이름이 너무나 유명했기에 큰 해프닝이 되었다.

그 두 사람의 이름은 비틀스의 존 레논과 그의 아내 오노 요코다.

'베드-인' 시위를 가사에 녹여낸 "The Ballad of John and Yoko"라는 노래는 그렇게 탄생했다. 그들의 평화 시위는 요란했지만 세계 평화에는 크게 기여하지 못했다. 단, 크게 기여한 한 가지는, 바로 암스테르담을 새로운 자유주의와 시민운동의 유명한 메카로 다시 한번 더 못 박았다는 것이다. 어쩌면 그 둘도 암스테르담이라면 이런 해프닝을 일으키기에 잘 어울린다고 생각했을지 모른다. 아니, 분명 그렇다. 암스테르담에 발을 들여 놓으면 이유 모를 자유가 느껴지고 너무나 자유로워서 내 목소리를 마음껏 낼 수 있겠다는 생각이 용솟음친다. 더불어 가슴은 신기하게 벅차오른다.

왜 그럴까? 왜 암스테르담에서는 그렇게 자유가 느껴질까?

이렇게 '암스테르담'은 그 존재 속부터 자유의 색채가 매우 진하여, 네덜란드를 이야기하고 설명하기에 앞서 짚어보지 않을 수가 없다.

우리가 암스테르담을 '자유의 도시'라 부르는 이유는 단순히 그곳이 성매매나 도박, 마리화나가 합법이기 때문에 넘겨짚는 것이 아니다. 그것들이 자유의 상징이라서가 아니라, 암스테르담이 자유주의가 확실히 성립된 곳이기에 가능한 일인 것이다.

더불어 나는 이 암스테르담의 자유주의를 네덜란드 친구들의 '흥'과 연관시키고 싶다. 일 년 내내 축제를 즐기는 사람들에겐 이 흥이 없을 수 없다. 함께 일하는 60이 다 되어가는 회사 동료는 나에게 어깨동무를 하고 툭 튀어나온 배를 이리저리 흔들며 춤을 추어댄다. 장난기가 하늘을 찌른다. 왕의 날이나 각종 축제의 날에는 온 도시가 클럽처럼 들썩거린다. 남녀노소 가리지 않고 그들의 흥을 발산한다.

그러니, 네덜란드를 이야기할 때 암스테르담을 이야기할 수밖에 없다. 암스테르담을 파헤치다 보면 네덜란드를 더 잘 이해할 수 있다. 네덜란드 사람들은 왜 이리 자유롭고 개방적일까, 그리고 일 년 내내 축제를 즐기는 그들의 '흥'의 기원이 무엇일까를 알기 위해 고군분투한 그 끝에서 나는 '암스테르담'과 마주했다. 분명히 암스테르담은 네덜란드라는 나라에 속해있지만, 네덜란드의 근간은 암스테르담으로부터였다. 시작부터가 암스테르담이었고, 황금기를 이끈 것도 암스테르담이었다. 지금도 암스테르담은 네덜란드보다 더 그 색채가 도드라진다.

암스테르담의 기원

암스테르담의 탄생

13세기 어느 즈음. 두 수역이 만나는 지점. 북해와 여실히 이어지고 있던 습지대에 살던 사람들이 바닷물의 범람을 막기 위해 댐을 건설했다. 그 댐은 한 강(江)의 물줄기를 틀어막은 것이었다. 그 강의 이름은 '암스텔(Amstel River)이었고, 암스텔 강을 댐으로 막은 지역의 이름은 'Amstelredamme(암스텔레담머)', 즉 암스테르담이 되었다. 댐으로 막은 습지. 어디 상상이나 가는가? 얼마 되지 않는 땅에서 곡식을 재배하는 농부와 늪지에서 이런저런 생선들을 잡아들이며 사는 사람. 언제 물이 범람할지 몰라 매일이 불안한 그곳. 그리 정성을 들이지 않은, 잠만 잘 수 있을 정도의 구조물들이 '집'이란 이름으로 세워져 있었다.

암스테르담이 이렇게 초라할 때 위트레흐트와 마스트리흐트 같은 타 도시들은 정치적으로나 경제적으로 제 역할을 톡톡히 해내고 있었다. 지금도 그 역할이 작지 않지만, 어쩐지 그 어깨의 높이보다 더 커버린 암스테르담의 위상이 격세지감을 느끼게 한다.

이렇게 보잘것없는 곳에 사람들이 모여든 계기는 전설과 같이 내려온다. 운하도, 자전거도 물론 자동차도 없던 시절. 수많은 교회와 수도원, 수녀원만이 있었다. 16세기, 중세시대 암스테르담은 작은 가톨릭 도시였다. 청교도들이 모여들었다. 암스테르담에서 일어난 기적에 대한 소문이 여기저기에 퍼졌기 때문이다.

1345년 신부 한 명이 어느 한 사내의 임종 의식을 치르고 있었다. 그 사내는 너무 아파서 큰 기침을 하였는데, 이때 성채가 튀어나왔다. 간호를 하던 한 여성이 토사물을 불속으로 던졌지만 그것은 멀쩡했고 사람들은 이것을 기적이라 불렀다. 오늘날에도 매년 3월이면 이 기적을 기리기 위해 조용한 행렬이 일어난다.

교황마저 이것을 기적이라고 인정한 뒤 암스테르담은 청교도의 도시가 되었다. 청교도들은 가톨릭의 위계를 평화적인 방법으로 던져버리고 개신교로 그것을 대체했다. 그리고 곧, 암스테르담은 황금기를 맞이하게 된다.

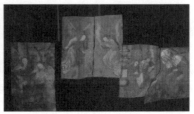

성채를 불속으로 집어던진 여인과 그 신성한 상황을 표현한 그림.(암스테르담 뮤지엄 소장/작가불명)

물을 다루는 가장 현명한 방법은 길을 터주는 것이다. 금지하고 막는 것보다 효율적으로 허락하는 것이 좋을 때가 있는 법. 어쩌면 암스테르담의 '자유주의'는 이때부터였는지 모른다. 운하가 생기고 땅이 점점 개간되면서 사람들이 몰리고 가톨릭 종사자들이 급격히 늘기 시작했다. 그와 관련된, 혹은 관련되지 않았더라도 사람이 모인 곳이라면 자연스레 나타나는 사업과 가게들이 눈에 띄게 늘었다. 그리고는 여기저기 큰 교회가 생기기 시작했다.

암스테르담 구시가지에 위치한 아우더커르크(구교회)

암스테르담 담 광장에 위치한 니우어커르크(신교회)

암스테르담의 경제적 태동

지금은 네덜란드의 전통 음식으로 알려진 하링(Herring), 즉 청어는 어느 누구의 전유물이 아니었다. 네덜란드가 스웨덴에서 청어를 수입하던 때도 있었다. 하지만 지금은 '청어'하면 네덜란드를 떠올린다. 왜 그럴까? 여기서 우리는 네덜란드 사람들 특유의 기지를 발견할 수 있다. 본래 네덜란드 것이 아니었던 풍차와 튤립을 온전히 그들의 것으로 만들어냈듯이 청어 또한 또 다른 기지로 네덜란드 것으로 만들어 시장을 장악해버렸다.

15세기 초 한 네덜란드 사람이 만든 청어를 잡아 즉석에서 소금으로 절일 수 있는 청어잡이 배를 발명했다. 이 절임 기술은 우리가 아는 통조림의 기원이 되었고, 배에서 잡아 바로 가공한 청어를 내다 팔게 되면서 네덜란드는 엄청난 부(富)를 쌓게 된다. 사업 규모는 점점 더 커졌고, 과정은 세분화되어 거대한 고용 시장이 창출되었다. 상술 좋은 네덜란드 사람들은 이 기회를 놓치지 않았다. 정부와 협업하여 그들의 고유 상표를 만들어 청어를 규격화하고 포장했다. 지금 생각해도 대단한 일이다. 여기에다가 청어를 잡으러 나간 배들은 좀 더 나아가 다른 나라에서 얻은 곡물과 물품들을 가져와 또 다른 곳에 내다 팔았다. 중계무역의 태동이자 암스테르담을 넘은 네덜란드 황금기의 예고편이었다.

16세기 초에 이르렀을 때 암스테르담은 대규모 도시가 되어 있었다. 잠시 우리가 4D 극장에 들어섰다고 상상해보자. 우리는 암스테르담 중심에 서 있다. 여기저기 분주한 사람들. 곳곳에 정박해 있는 배. 아직 땅보다는 물로 더욱더 흥건한 암스테르담의 중심은 그렇게 역동적이다. 청어를 손질하고 남은 내장들이 썩어가는 냄새. 여기저기 세워진 비누 공장의 비누냄새(당시 발트해로부터 수입해 온 유채 씨앗은 암스테르담 여러 곳의 공장에

"Oldest map of Amsterdam" 현존하는 가장 오래된 암스테르담 지도.
Cornelis Anthonisz(1538년 작, 암스테르담 뮤지엄 소장)

"Fantasised Cityscape" Jacob van der Ulft(1653 작, 암스테르담 뮤지엄 소장)
정면으로 네덜란드 왕궁과 담광장이 보이고 어느 정도 메워진 담락거리
우측에는 배가 정박되어 있다.

서 비누로 생산되었다). 여기에 선박을 만들기 위해 배의 표면에 바르는 타
르의 역한 냄새까지. 삐뚤빼뚤한 집 사이 골목에서는 술 취한 뱃사람들의 고

성방가가 가득했다. 날씨는 우중충했지만, 그것이 암스테르담의 발전을 방해할 요소는 아니었다.

그렇게 16세기와 17세기를 거치며 암스테르담은 해상 무역을 장악하게 된다. 황금기는 저물었지만, 지금까지도 네덜란드가 경제 대국으로서의 명성을 이어가는데 밑바탕이 된 크나큰 발전이자 변곡점이었다.

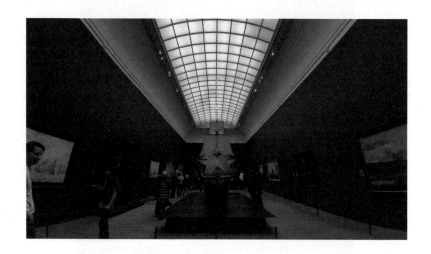

자유주의의 기원과 발전

수평적 사회의 시작

16세기 초중반 가톨릭의 막강한 세력 속에서 종교개혁의 목소리를 낸 루터파가 받은 박해는 이루 말할 수 없었다. 하지만 루터파의 사상이 암스테르담으로 흘러들어왔을 때, 이 도시는 루터파 교도들이 당황할 정도로 너그럽게 그들을 받아들였다. 시대의 흐름에 비추었을 때 이것은 분명 고개를 갸우뚱하게 만드는 일이었다.

그들이 이러한 태도를 보인 이유는 간단하다. 네덜란드 친구들을 보면 아직도 이런 '관용'을 찾을 수 있다. 무역도시이자 중계무역으로 먹고사는 이 작은 나라는 들어오는 새로움을 굳이 튕겨낼 필요가 없었던 것이다. 또다시, 물을 막아 물을 없애는 것이 아니라 물을 다루기 위해 물길을 여럿으로 만드는 지혜와도 같다. 네덜란드 인들은 새로운 사상이나 문물이 유입되면 자연스럽게 그들에게 녹아들 수 있도록, 끝까지 그들과 맞지 않을 때면 자연스

현재의 암스테르담과 옛 암스테르담 비교 그림

돌 하나하나 제방을 쌓은 사람들의 모습

레 사라질 수 있도록 두었다.

　이러한 특성을 가진 네덜란드의 각 주(州), 특히 암스테르담은 다른 유럽 나라들과는 전혀 다른 길을 걷게 된다. 당시 중세 시대는 장원제(壯元制, 13~19세기의 서부 및 남부 독일에서 지주가 제 땅에서 스스로 농업이나 목축을 경영하지 아니하고 농민에게 빌려주어 땅세를 받던 제도)라는 수직구조로 돌아가던 때였다. 우리가 흔히 그려낼 수 있는 중세의 모습과 다름없다. 그러나 네덜란드의 많은 주는 이 제도를 택하지 않았다. 이유는 역시, 물이었다. 물과 싸움을 하는데 위아래는 중요하지 않았다. 공동체로 물과 싸웠다. 둑이 무너져 물이 범람하는데 윗사람이 아랫사람에게 이래라저래라

할 상황이 아닌 것이다. 공동체로서 너나 할 것 없이 뛰어나가야 한다. 그래서 네덜란드에는 아직도 물관리위원회가 존재한다. 이 공동체 문화는 수평적 문화를 유지하는 데 큰 역할을 했다.

자유주의와 암스테르담

우리가 말하는 '자유'란 무엇일까? 가끔은 방종과 헷갈리기도 하는 이 짧은 한 단어는 많은 것을 내포한다. 자유에 대한 기준마저 제각각 다르다. 누구에게는 자유라 느껴지는 것이 다른 이에게는 아닐 수 있고, 또 내가 자유를 누리기 위해 다른 이의 그것을 침해하기도 한다. 그래서 '자유'라는 말을 정확하게 쓰려면 수많은 시행착오를 겪어야 한다. 이 시행착오는 단시간에 행해지지도, 그 결과가 바로 해석되지도 않는다. 그런 면에서 암스테르담은 자유주의의 시험대와도 같은 곳이었다.

암스테르담이 자유주의의 시험대가 된 것은 그들이 풍족한 경제력을 바탕으로 한 관용과 다른 유럽 나라들과는 다른 수평적 문화를 가지고 있었기 때문이다. 제 목소리를 내는 당당함과 실리적인 제도 위에 수많은 자유가 암스테르담에서 표출되었다. 성매매와 도박, 소프트 드러그가 합법인 점도 옛 뱃사람들의 주머니를 노린 상술뿐만 아니라 관용과 수평적 문화의 결과다. 존 레논과 오노 요코의 신혼여행 퍼포먼스 무대로 암스테르담이 낙점된 것도 그들이 암스테르담의 미덕인 자유를 인정했기 때문이다. 네덜란드에만 그린피스를 포함한 몇십 개의 국제단체가 위치해 있다는 사실도 이를 뒷받침한다.

"Provo election placard"(1966년, 암스테르담 뮤지엄 소장)

　공권력을 도발하면 어떤 일이 일어나는지를 알아내려는 프로보(Provo, 도발이라는 Provocation의 줄임말)운동[1]의 성격을 보면 네덜란드 사람들의 자유로운 사상과 성격을 엿볼 수 있다. 이 운동은 스스로를 개성적으로 표현하는 수많은 소규모 그룹을 만들었고, 그 그룹에서 파생된 산물들이 전 유럽을 휩쓰는 유행이 되기도 했다. 일 년 내내 축제로 가득 찬 이곳. 그 즐거움을 내내 유지하며 사는 네덜란드 친구들의 정서에는 그렇게 '자유주의'라는 이름의 '흥'이 아로새겨져 있는 것이다.

　굳이 이러한 배경을 알지 못하더라도 암스테르담의 거리를 걷는다면 뭔지 모를 자유를 느낄 수 있다. 기분 탓일까? 아니다. 걸어보면 안다. 느껴보면 안다. 운하를 따라 걷는 그 길이, 그리고 지금은 광장으로 변해있는 그 길

---

1 프로보 운동 : 1950년 대 말에 등장한 대항(對抗)문화 집단을 중심으로 발생한 운동. 갈수록 과격해진 그 운동 방식으로 인해 1967년 해체되었다. 하지만 사회, 정치, 문화에 끼친 영향은 대단했다. 안정만을 고집하던 보수적인 네덜란드라는 잔잔한 호수에 '반발', '저항'이라는 돌을 던져 각 분야에 파문을 일으켰기 때문이다. 더불어 기존 권력에 대한 조롱을 일삼으면서 '자유'라는 의미를 퍼뜨렸다.

이 예전에는 바다와 습지였다는 것을 상기하면서 몇 걸음 걸어보면, 그 태동을 느낄 수 있다. 지나가는 관광객들의 얼굴과 모습 속에서도 그 자유를 느낄 수 있다. 그들 네덜란드인들도 느끼는 자유를 말이다. 무언가 멋지게 포장하려고 쓰는 글 같지만, 딱 한 번만 암스테르담 거리를 직접 걸어보고 나서 이 글을 다시 보았으면 한다. 그러면 이해가 될 것이다.

언젠가 암스테르담 구석구석을 걷다가 느낀 점을 적은 초라한 시 하나가 있어 소개한다. '자유'라는 글자가 그저 떠올라 써 내려갔던 기억이 새록새록하다.

암스테르담 거리를 거닐어보면 자유가 느껴진다. 자연스럽게.

암스테르담 詩

그대 길을 걷다
자유를 느꼈는가.

그대 길을 걸어
유유함을 얻었는가.

드러내려 안달하는 곳의
목소리를 들은 적 있는가.

그러나 이곳은 그러하지 않아도
결국 드러나는 곳임을 깨닫는가.

아름다운 일상을
너무나 천연덕스레 품고 있어
일상이 일상인지도 모르는 사람들.

저 들판 한가운데
자전거와 하나 된 실루엣이
얼마나 행복인지도 모르는 아이들.

그대가 길을 걷다
자유를 느끼고

그대가 길을 걸어
유유함을 얻었다면

그곳은
여기는
암스테르담이라고 해두자.

그대가 있는
어디든

일상의 행복이
도사리고 있거든

그곳을
여기를
암스테르담이라고 해보자.

Iamsterdam city letter에 대하여

당신은 네덜란드에 왔다. 길거리를 걷다 'Iamsterdam' letter를 봤다. 그런데 당신이 있는 그곳이 'Rijks museum(라익스 뮤지엄 : 국립중앙박물관)'이나 'Schiphol(스키폴) 공항'이 아니라면, 난 당신에게 "오늘은 운이 좋네요!"라고 말해줄 수 있다.

네덜란드에는 이 'Iamsterdam'이라는 letter 조형물이 총 세 개 존재한다. 하나는 관광객이 네덜란드 땅을 밟고 처음 보게 되는 Schiphol(스키폴) 국제공항에, 또 하나는 램브란트의 <야경>이 있는 것으로 유명한 국립중앙박물관에 위치해 전 세계 관광객에게 수많은 사진 세례를 받고 있다. 그리고 세 번째는 전국을 랜덤하게 순회하고 있다. 그래서 세 번째 Letter를 어딘가에서 보았다고 한다면, "오늘은 운이 좋네요!"하고 말할 수 있는 것이다.

2m가 조금 넘는 높이, 그리고 24.5m에 달하는 가로 길이를 가진 이 조형물은 어쩌면 네덜란드보다 더 유명할는지 모른다. 그리고 사람들로 하여금 알파벳에 기어올라 기어코 사진을 찍게 만드는 무한의 매력을 발휘하고 있다.

때로는 너무 깊은 인상이 삶에 단점이 되는 경우가 있듯이, 암스테르담은 마약과 섹스 그리고 운하의 이미지가 너무 깊게 사람들에게 각인되었다. 이는 암스테르담에 한 번도 와보지 않은 사람들조차도 암스테르담을 유흥과

스키폴 국제공항 출구 쪽, 국립중앙 박물관 앞, 그리고 또 다른 한 개는 전국을 순회한다.

환락의 도시로 인지해버리는 결과를 초래했다.

　유럽 내에서 각국의 도시를 특화하려는 노력은 보이지 않는 총성과 같은 치열함으로 현재까지도 진행되고 있다. 에펠탑과 센 강의 로맨틱함을 운(?) 좋게 물려받은 파리, 각종 전시회와 이벤트로 전 세계 사람들을 끌어 모으는 Messe(메세)의 도시 베를린, 가우디의 바르셀로나는 누구에게나 잘 알려진 예다. 이렇게 자신만의 색깔을 나타내야 하는 치열한 경쟁 속에서 암스테르담은 깊은 고민에 빠지게 되고 도시의 슬로건을 내민다.

　"Amsterdam Has It"(암스테르담엔 뭔가 있다!)

　"Capital of Sports"(스포츠의 도시)

　"Small City, Big Business"(작은 도시, 큰 비즈니스)

이전의 슬로건들을 보면 암스테르담이 얼마나 다급했는지, 얼마나 걱정이 많았을지 짐작이 간다. 그들이 담고 싶었던 핵심 가치가 'Creativity(창의성), Innovation(혁신), Spirit of Commerce(상업 정신)' 세 가지였다고 하니 그리 쉽지만은 않은 과정이었으리라. 2004년 마침내 암스테르담은 "Iamsterdam"을 완성하고 2005년 발표하기에 이른다.

"Iamsterdam은 사람과 지역에 대한 슬로건이다. Iamsterdam은 사람들로 하여금 도시에 대한 사랑과 자부심을 대변하도록 한다. Iamsterdam은 많은 것을 의미하지만 사람 중심이어야 한다. 이것이 진정한 슬로건의 목적이다. 암스테르담에서 살고, 일하고, 공부하고, 방문하는, 그러니까 더 나은 미래를 추구하는 사람들에게 암스테르담은 '증거' 그 자체다. Iamsterdam은 암스테르담의 정신을 구체화하고 그것을 통해 전 세계에 이 도시의 이름을 알리는 것을 목적으로 한다."

결국 도시 이름 그 자체에 일하기 좋고, 공부하기 좋고, 살기 좋고, 여행하기 좋은, 포괄적이면서도 전 세계 사람들을 끌어들이는 슬로건을 탄생시킨 것이다.

이러한, 단언컨대 완벽한 슬로건 덕에 네덜란드 암스테르담은 총성 없는 전쟁 속에서 물려받은 유산 없이 마약과 섹스로 얼룩진 이미지를 털어내고 신분세탁에 성공하게 되었다. 'Saffron Brand Consultants'에서 조사한 '유럽 도시 브랜드 바로미터' 결과를 보면 암스테르담은 브랜드 파워, 자산 파워, 브랜드 활용성 등 세 가지 항목 모두 상위권에 포진해있다. 상위권 도시들이 프랑스, 독일, 스페인과 같은 대국이라는 점을 고려한다면 네덜란드 암스테르담의 고군분투는 그 의미가 매우 뜻깊다고 할 수 있다.

마지막으로, 암스테르담이 지향하고자 하는 바는 아래와 같다.

마약과 섹스, 그리고 운하라는 고루한 이미지는 줄이고 살기 좋고 교양 있는, 그리고 예술과 비즈니스가 공존하는 사람 중심의 앞서가는 도시를 만들겠다는 의지다. 어떤 부분은 벌써 충분히 이루어져 있고 어떤 부분은 급속하게 따라잡고 있다. 이러한 모든 것들이 사람으로 하여금 이루어진다는 것을 고려할 때, 암스테르담의 지향점은 그리 멀지 않은 곳에 있다는 생각을 하게 된다.

많은 이들이 네덜란드를, 그리고 암스테르담을 그저 스쳐 지나가는 곳이 아닌 한 번쯤은 길고 깊이 머물러 작지만 왜 강한 나라이고 사람들은 흥겹게 살아가는지 몸소 느껴봤으면 한다.

P.S

요즘 떠들썩한 우리 서울도 더 좋아지기 위한 성장통을 겪는 중이라면, 어쩔 수 없는 과정이라면 언젠가는 더 나아질 결과를 기대할 수 있지 않을까?

언젠가 'Iamsterdam'을 넘어 설, 더욱더 완벽한 슬로건이 우리나라 어느 도시에서 나오길 바라며!

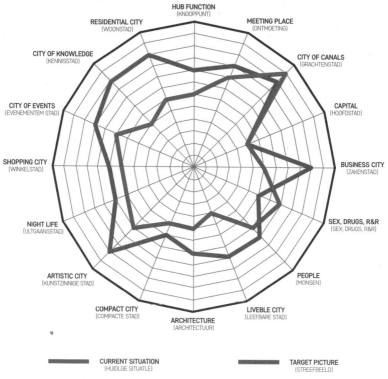

HUB FUNCTION
(KNOOPPUNT)

MEETING PLACE
(ONTMOETING)

RESIDENTIAL CITY
(WOONSTAD)

CITY OF CANALS
(GRACHTENSTAD)

CITY OF KNOWLEDGE
(KENNISSTAD)

CAPITAL
(HOOFDSTAD)

CITY OF EVENTS
(EVENEMENTEM STAD)

BUSINESS CITY
(ZAKENSTAD)

SHOPPING CITY
(WINKELSTAD)

SEX, DRUGS, R&R
(SEX, DRUGS, R&R)

NIGHT LIFE
(ULTGAANSSTAD)

PEOPLE
(MONSEN)

ARTISTIC CITY
(KUNSTZINNIGE STAD)

LIVEBLE CITY
(LEEFBARE STAD)

COMPACT CITY
(COMPACTE STAD)

ARCHITECTURE
(ARCHITECTUUR)

CURRENT SITUATION
(HUIDLGE SITUATLE)

TARGET PICTURE
(STREEFBEELD)

붉은 선은 현재 상황을, 회색 선은 지향점을 나타낸다.

(자료 출처 : http://theconversation.com/rescaling-through-city-branding-the-case-of-
amsterdam-71956)

"암스테르담 전망(展望)"

그런 날이 있다.

　일부러 조합을 하려해도 쉽지 않은 것들이 그저 우연히 만난 날.

　날씨가 그렇고, 햇살이 그렇고, 구름의 조합이 그러하며 바람의 지나감의
정도마저 적절한.

각지에서 몰려온 사람들이 각자의 길을 가는 모습이, 흡사 나에게 분주하고 활기찬 거리를 선사하기 위한 연출이라도 되는 듯이 그렇게 구성된 하루.

해수면보다 낮은 이 땅에서, 각 건물들의 정수리를 볼 수 있는 날은 그리 많지 않다.

네덜란드 왕궁 앞의 휑한 광장에 다소 옛날식으로 보일 수 있는 케르미스가 들어선 그 날은 이야기가 다르다.

왕궁 앞에 이 무슨 경망한 것들의 조합이겠느냐마는, 관람차에 몸을 실어 그동안 보지 못했던 암스테르담을 전망하면 다채롭다 못해 이채로움을 느낀다.

각도의 중요성.

셀카를 찍을 때 사람에게만 해당되는 말이 아니다.

45도의 각도에서 내려다본 암스테르담은 평소와는 달랐다.

분명, 제법 달라보였다.

우연히 조합된 것들의 향연은 그렇게 결국, 내 눈과 마음을 호강시키고는.

익숙하다는 미명 아래 그저 스쳐 지나간 것들을 반추하게 했다.

나 여기 있고, 너 거기 있음을.

너 거기 있고, 나 여기 있음을.

Part 3. 네덜란드 계절 따라 즐기기

네덜란드 날씨 이야기 :
"네덜란드 하면 생각나는 또 하나의 명물?"

네덜란드를 계절별로 즐기는 이야기를 하기 전에 네덜란드 날씨를 언급하지 않고 지나갈 수는 없겠다. '계절'이란 어떻게 보면 날씨가 급변하는 어느 때를 구분 짓는 것일 뿐이지만, 생각보다 뚜렷한 사계절을 가지고 있으면서도 한 계절 내에서도 말 그대로 시시각각 달라지는 네덜란드 계절이 가진 특색이 우리의 계절과는 매우 다르기 때문이다. 네덜란드의 또 다른 한 면이라 일컬을 수 있는, 네덜란드를 이야기할 때 자연스레 함께 언급되기도 하는 날씨는 그래서 별도로 다루어져야 한다.

지금 나에게 네덜란드 하면 떠오르는 특색을 묻는다면, 풍차나 치즈를 뒤로 하고 단연코 '날씨'라 말하겠다. 단언컨대 네덜란드 날씨는 가장 완벽한 변덕이자 매력이니까!

네덜란드 날씨에 붙는 수식어는 가지각색이다. '스펙터클'과 '다이내믹'이 가장 먼저 떠오른다. '어메이징'이라는 말을 가슴에 안고 '롤러코스터'를 탄다는 표현도 가능하겠다. 이 무슨 '오바' 같은 표현이냐고 할 수 있겠지만 겨어보면 안다. 그게 무슨 말인지. 아니, 어쩌면 이곳에서 살다 보면 이런 수식어로는 그 날씨를 다 표현할 수가 없을지 모른다. 그 정도란 말이다.

잘 알다시피 네덜란드는 북서쪽에 위치한다. 네덜란드가 서유럽이냐 북유럽이냐 단정 지어서 말하기가 어려운 부분이다. 코에 걸면 북유럽, 귀에 걸면 서유럽의 모양새다. 북쪽이기에 매우 추울 것 같지만 멕시코 난류의 영향으로 기후는 온화한 편이고, 서안해양성 기후 영향으로 강력한 서풍이 불어온다. 바로 이 바람이 풍차를 돌린다.

네덜란드의 여름은 천국과 같다. 행복지수가 수직으로 올라가는 때다. 평균 기온이 약 15도쯤 되고, 한국과 달리 습하지가 않아 여행하기 딱 좋다. 최근 온난화 영향으로 가끔 30도까지 가긴 하지만 그것도 오후 한때뿐. 강렬한 태양과 어우러지는 자연의 향연은 우울증도 치료할 수 있을 정도다. 네덜란드 사람들도 겨울 동안 받지 못한 햇살을 받으려 햇살만 나면 어디든 달려나가 앉거나 누워있는다.

겨울엔 평균 기온이 약 영상 2도이고 0도 이하로 내려가는 일이 손에 꼽을 정도다. 눈은 1년에 한두 번 오는 편인데 강수량이 많다 보니 한 번 오면 주로 함박눈이 온다. 또한 습도가 높고 바람이 많이 불기 때문에 기온은 0도 근처에 머물지만, 어쩌면 한국의 겨울보다 더 춥게 느껴질 수 있다. 한국 사람이 가장 취약한 추위로 전기장판으로 기어들어 가고 싶은 으슬으슬한 추위다. 반면, 네덜란드 친구들은 한국의 영하 14~18도라는 숫자에 놀라곤 하지만 출장으로 한국을 같이 가보면 생각보다 춥지 않다고 한다. 실제로 한국에 최초로 귀화한 네덜란드인인 박연은 겨울에도 내복을 입지 않았다고 문헌에 기록되어 있다.

으슬으슬한 추위는 마음마저 춥게 하지만 그래도 눈에 보이는 많은 것들이 초록을 유지한다. 기온이 0도 수준에 머물기 때문이다. 나뭇가지들과 잎 사귀들은 사그라졌지만 드넓은 평야와 곳곳의 잔디는 초록을 빛내며 버텨 낸다. 겨울과 초록의 조화가 낯설지만 어느새 익숙해진 그 모습이 그래도 좋다.

나무가 앙상한 겨울에도 잔디는 푸르르다.

여름엔 있던 우울증도 치료되지만 겨울엔 없던 우울증도 생길 정도다. 위도가 높아 여름엔 서머타임을 적용하면 밤 11시까지 밝아 잠자리에 드는 것이 미안하고, 열심히 야근하고 10시에 퇴근해도 밖이 밝아 그것도 미안할 정도다. 하지만 겨울은 반대로 오후 4시 이후면 급격히 어두워진다. 오후 4시만 되어도 야근한 느낌이다.

게다가 겨울 날씨는 '비 올 것 같은 날씨와 비 오는 날씨'의 무한 반복이다. 어두운 일상에 어두운 힘을 더해주고 귀신 소리를 내며 강하게 부는 바람은 화룡점정을 이룬다. 해서 여름에 오는 것이 아니라면 방수 소재의 모자 달린 외투는 필수다. 바람이 습해서 모직 코트는 추위에 쉽게 뚫리고, 비는 언제든 오기 때문이다. 모자 달린 방수 외투가 필수라는 내 말을 귀 기울여 듣지 않은 많은 후배가 출장 와서 후회하고 결국엔 내 말을 잘 듣게 될 정도다. 그렇게라도 내 말을 들어주니 고마울 따름이다.

부임한 지 한 달 정도 지났을 때였던 것 같다. 회사 동료는 뜬금없이 나에게 사과를 했다.

동료 : "I'm sorry, Charley!"(찰리, 미안해!)
나 : "What did you say? Why do you apology to me?"
　　(뭐라고? 갑자기 사과는 왜?)
동료 : "Sorry for the weather of Netherlands"
　　(네덜란드 날씨가 이래서 말이야!)

　과연, 밖을 보니 조금 전까지 햇빛이 쨍쨍하던 날씨가 금세 강한 바람이 우박을 날리고 있는 그것으로 변해 있었다. 부임 초기 정신이 없어 마음의 여유도 없고 누가 말 거는 것이 매우 부담스러운 때라, 웃어넘기면 될 일인데 내가 진지하게 사과를 받아들여 오히려 한바탕 서로 웃은 적이 있다.

　이렇게 네덜란드 사람을 대신해서 날씨에 대해 사과를 하는 농담이 있을 정도로 그 날씨는 변화무쌍하다. 여기는 비가 오고, 바로 옆은 비가 안 오고, 5분 전까지만 해도 세찬 비가 내리치다가 이내 언제 그랬냐는 듯이 햇볕이 내리쬐고. 여름이나 겨울이나 상관없이 일어나는 일에 이젠 익숙하기도 하다. 운 좋은(?) 날엔 하루에 4계절을 맞이하기도 한다. 일 년에 한두 번 이상은 꼭 눈/비/우박/햇살/더움/추위가 하루에 공존한다. 네덜란드는 나라 전체가 거의 평지이고, 바람이 많이 부니 구름의 이동이 매우 빠르기 때문이다. 날씨가 시시각각 변하는 이유다.

　네덜란드를 방문하는 가장 좋은 시간은 역시 여름이지만, 난 많은 사람이 네덜란드의 겨울도 꼭 겪어보길 바라는 마음이다. 오히려 저지대를 독하게 간척하고 자연과 맞서 온 네덜란드 사람들의 spirit(정신)을 느끼기엔 겨울이 더할 나위 없기 때문이다. 아무리 비가 오고 강풍이 불어 자전거가 앞으로 나아가지 않을 정도여도 굳세게 자전거를 타고 다니는 네덜란드 사람들을 만든 건 어쩌면 신이 아닌 날씨일지도 모른다.

월	평균 기온(섭씨)	일조 시간
1	2.1	44
2	2.3	65
3	4.7	111
4	7.8	161
5	11.9	206
6	15	209
7	16.5	189
8	16.5	184
9	14.2	140
10	10.2	110
11	6	51
12	3.3	38

월별 평균 기온 및 일조 시간(과거 30년 평균)
(출처 : Kotra 국가 정보)

"네덜란드에게 햇살이란?"

네덜란드는 다른 유럽과 함께 3월의 말부터 서머타임(일광절약 시간제)을 실시한다. 여름의 낮을 좀 더 활용하자는 실용적인 취지도 있지만, 서유럽이라 쓰고 북유럽이라 읽히는 네덜란드 사람들에겐 햇살을 조금이라도 더 즐길 수 있게 하는 목적도 분명하다.

다음 연간 일조량 표를 보면 좀 더 이해가 잘 될 것이다. 네덜란드의 연간 일조량은 1662시간으로 많지 않다. 위도상으로 더 위에 있는 핀란드 헬싱키, 덴마크 코펜하겐이 암스테르담보다 햇살 시간이 더 길다는 것이 흥미롭다. 참고로 한국의 연간 Sunshine Hours는 2,428시간이다.

언급했듯이 네덜란드의 면적은 우리나라 남한 면적의 절반이 채 되지 않는다. 이 작은 땅에서도 일조량을 세세히 구분하는 걸 보면 햇살에 대한 집착 정도를 엿볼 수 있다. 연간 햇살을 받는 비중이 가장 높은

Total annual sunshine	
City	Hours
Amsterdam, Netherlands	1662
Andorra la Vella, Andorra	1936
Athens, Greece	2771
Barcelona, Spain	2524
Belgrade, Serbia	2112
Berlin, Germany	1625
Birmingham, United Kingdom	1364
Brussels, Belgium	1546
Bucharest, Romania	2112
Budapest, Hungary	1928
Chisinau, Moldova	2126
Cologne, Geramany	1504
Copenhagen, Denmark	1780
Dublin, Ireland	1424
Glasgow, United Kingdom	1203
Hamburg, Germany	1557
Helsinki, Finland	1780
Istanbul, Turkey	2026
Kazan, Russia	1931

(출처 : Currentresults.com)

수치는 39%로 주로 서부 도시에 밀집해 있고, 가장 낮은 곳은 동쪽 독일 내륙지역 국경에서 가까운 Arnhem(아른헴)이라는 도시가 차지했다. Days는 하루에 아주 잠시라도 햇살이 비치는 날 수를 측정한 것이다. 반대로 하루에 조금이라도 비가 내리는 연간 강수일수도 300일에 달하니 네덜란드 날씨의 변덕을 짐작할 수 있다.

그래서 네덜란드 사람들은 햇살 즐기는 것을 매우 좋아한다. 아니, 즐겨야만 한다. 그들의 집 창문이 큰 통유리로 되어 있고 노천에 카페 테이블들이 널린 이유다. 네덜란드에서 여름에 운전하게 되면 어디 놀러 가지 않아도 얼

North Netherlands			
Total annual sunshine			
% Sun	Place	Hours	Days
35	Groningen	1550	302
37	Leeuwarden	1655	308

West Netherlands			
Annual average sun			
% Sun	Place	Hours	Days
37	Amsterdam	1662	309
39	Den Helder	1751	311

East Netherlands			
Average amount of sunshine yearly			
% Sun	Place	Hours	Days
34	Arnhem	1523	300
37	Lelystad	1678	310

South Netherlands			
Annual sunshine averages			
% Sun	Place	Hours	Days
36	Breda	1606	305
36	Eindhoven	1604	305

네덜란드 지역/ 도시별 연간 Sunshine 수치
(출처 : Currentresults.com)

굴과 팔이 까맣게 탈 정도다. 윈도 틴팅(선팅, 자동차 전면창과 유리창에 얇은 도료 막을 입혀 햇빛을 차단하는 것)이 부분적으로만 허용되고 대부분의 차들이 틴팅을 하지 않았기 때문인데, 네덜란드 친구들에게 틴팅을 왜 하지 않는지 그 이유를 물어보면 오히려 눈을 크게 뜨고 정색하면서 되묻는다.

"틴팅을 왜 하는 거야? 왜? 도대체 왜? 왜?"

햇살은 조금이라도 더 누려야 한다는 그들의 생각이다. 날씨 좋고 햇살 가득한 그 시간을 누군들 싫어할까. 그런데도 이토록 햇살에 집착하는 이유는 햇살이 생존과 관련되어 있기 때문이다.

아직도 기억나는 것이, 이곳 네덜란드로 부임한 지 두 달 만에 가족들이 도착했는데 네덜란드 보건 당국에서 직접 집으로 방문해 아이들에게 가장 먼저 확인한 것이 바로 비타민D 설문이었다. 즉 햇볕은 충분히 많이 쬐었는지, 비타민D 결핍은 아닌지에 대한 검사였다. 비타민D는 어린이, 노약자, 유색인종 및 과도한 비만인 사람들에게 특히 중요한데 이는 비타민D가 각종 질병과 우울증을 예방하기 때문이다. 비타민D가 결핍되면 갖가지 질병이 발생할 수 있다. 그래서 햇살이 귀한 네덜란드 사람들은 그것을 각별히 관리하고 누리려 하는 것이다.

네덜란드 주재 가이드에 나와 있는 〈How to maintain Vitamin D levels(비타민 D 수준을 유지하는 방법)〉에 흥미로운 내용이 있어 공유하고자 한다.

첫째, 햇살이 나면 웃옷을 벗어젖혀라!

선크림 로션 SPF 8 수준은 자외선뿐만 아니라 비타민D 95% 흡수를 방해한다고 한다. 'Vitamin D Council'에 따르면 우리 몸의 40% 이상이 햇살에 노출되어야 충분한 비타민D를 얻게 된다고 하는데, 특히 몸통, 팔, 다리, 손 순서로 비타민D를 잘 흡수한다고 한다. 그래서 햇살이 나면 'Shirts off!!!'라고 안내가 되어 있다.

둘째, 일광욕 이후 48시간 이내에는 비누로 샤워하지 말 것!

'The Natural Society'에 따르면 일광욕 후 48시간 이내에 비누로 샤워하면 비타민D 흡수율이 줄어든다고 한다. 우리 피부는 햇살을 받아 비타민D를 생성하여 혈류를 통해 몸으로 비타민D를 흡수한다고 하는데 비누로 온몸을 샤워할 경우 그 흡수율이 떨어진다는 사실이 밝혀졌다. 굳이 샤워를 하고 싶어 하는 사람에게는 비누를 사용하지 말고 물로만 대충 씻어내는 것을 권장한다고 한다.

셋째, 투명한 유리창이라고 안심하지 말라!

불행하게도 비타민D는 유리를 잘 뚫지 못한다고 한다. 햇살이 가득한 날,

투명한 창문 아래에 있다고 안심하지 말고 10~15분, 일주일에 3일은 밖으로 나가 햇살을 온몸에 받으라고 권장한다.

넷째, 음식에도 비타민D가 있다. 아주 조금!

고지방의 생선, 즉 참치나 연어 고등어에 비타민D가 있다. 북반구 지역에서 이러한 생선을 많이 먹는 사실은 그러니 우연이 아니다. 더불어 소의 간, 치즈나 달걀 노른자도 소량의 비타민D를 함유하고 있다고 한다. 다만, 음식으로 얻을 수 있는 비타민D는 한계가 있으니 결국 웃옷을 벗고 햇살을 온몸으로 즐기라는 것!

햇살이 가득한 날. 우리 직원들은 식당에서 간단한 샌드위치를 사서 밖으로 나가기 바쁘다. 하루라도 햇살이 아주 맑게 내리쬔다면 누구라도 그렇다. 어쩌면 네덜란드 사람들에게 햇살이란 이렇게 삶의 즐거움이자 생존의 에너지라 해도 과언이 아니겠다.

햇살이 가득할 때 마음껏 누리고, 그것을 몸에 머리에 마음에 정서에 가득히 담아, 비 오고 바람 부는 겨울을 내내 이겨내는 것. 소소한 일상에 감사하고 묵묵히 폭풍우 속에서도 한 발 한 발 자전거를 밀어내는 그들의 모습에서 어쩐지 여름의 그 밝았던 햇살이 보이는 듯하다. 누구에게나 내리쬐는 햇볕이 누구에게는 이토록 감사한 것이다.

네덜란드는 즐길 거리가 참 많다. 하지만 네덜란드의 '즐길 거리'는 다른 유럽의 어느 나라들과는 달리 생각보다 아주 유명하지 않거나, 그것만을 위해 네덜란드를 방문할 정도로 흡입력이 있지 않다고 여겨진다. 우리가 네덜란드에 대해 알면 알수록 그 매력은 더욱더 커질 것이고 네덜란드를 찾는 사람들은 더 많아질 것이다.

'유명하지 않다'는 말은 곧 아직 알려지지 않은 것이 더 많다는 의미다. 내가 이 글을 쓰고 있는 이유이기도 하다. 몰랐던 매력을 발견하고, 네덜란드에서 흔하지 않은 경험을 해보는 시간을 권유하기 위해.

네덜란드에서의 즐길 거리, 볼거리, 먹거리를 그래서 계절별로 정리해보고자 한다. 네덜란드의 계절은 곧 네덜란드의 특색이며, 연중 내내 즐비하게 이어지는 축제들이 곧 네덜란드의 매력이기 때문이다. '즐긴다'는 단어의 사전적 의미는 '좋아하여 자주하다', 그리고 '즐겁게 누리다'이다. 이 글을 읽는 이들이 네덜란드를, 문화를, 축제를, 먹거리와 볼거리들을 경험하고 그 매력들을 새롭게 알아, '좋아하여 자주 하고, 즐겁게 누렸으면' 좋겠다.

네덜란드 봄 즐기기
"유럽의 정원에 꽃이 피면, 그렇게 우연히 봄"

네덜란드의 봄을 맞이하며 예전에 썼던 글이 인상 깊어 여기에 적어 본다. 다시 보기 민망하지만, 몸소 네덜란드의 봄을 맞이하며 썼던 글이라 그 분위기를 전하고 싶어서다.

'을씨년스럽다'의 어원이 네덜란드라고 해도 나는 믿겠다.

한글의 우수성이 가득 배어난 이 단어는 '싸늘하고 스산한 기운이 있다'는 뜻을 한 단어로 풍부하게 표현해낸다. 단어를 읽기만 해도 스산한 바람이 느껴지거나, 언젠가 그랬던 계절의 기억이 문득 떠올 정도다.

한국에서는 늦가을에서 초겨울로 넘어가는 스산한 잠깐 동안을 이야기하는 정도지만, 이곳 네덜란드에서는 이 단어를 떠올리는 시간이 어느 한 계절에 국한되어 있지 않다. 강수일수 300일과 살을 에는 습도 높은 추위. 북해로부터 불어오는 강력한 바람은 계절을 아랑곳하지 않고 을씨년스러움을 연출하기 때문이다.

겨울의 을씨년스러움은 최고조를 달한다. 소리를 지르며 부는 강풍과 비 그리고 어둑어둑한 하늘을 햇살 쨍쨍하고 모든 운하가 그 햇살에 반짝이며 천국에 온 것이 아닐까 하는 착각을 일으키던 여름의 그곳이 맞는지 의심하게 만든다.

그래서 네덜란드의 봄은 반갑다. 매년 돌아오는데도 사람들은 봄에 열광하고 또 열광한다. 대단한 일도 아니고 못 겪어본 일도 아닌데, 지난겨울이 개개인에게는 그리 혹독했나 보다.

사실, 네덜란드의 겨울은 그리 혹한이 아니다. 평균온도 0~3도로 영하로 내려가는 날이 특별한 날일 정도라 곳곳의 잔디는 계절을 잊고 항상 푸르르다. 앙상한 나뭇가지와 푸르른 잔디는 대조적이면서 특별한 모습을 연출한다. 그런데도 을씨년스러움은 한국의 영하 14도의 추위보다 더 매섭게 다가온다. 온도가 그리 낮지 않아도 한국 사람이 가장 취약하게 느끼는, 습도 높은 추위와 바람이 한몫한다. 전기장판 속으로 기어들어 가고픈 추위라고 말하면 이해가 잘 될 것이다.

아직 봄이 완전히 오지 않았다. 하지만 그 기대는 봄이 온 이상이다. 어떤 나무들은 앙상한 모습을, 또 어떤 나무들은 수줍게 옷을 치켜 입어 올리는 모습들이 새록하다. 살얼음판 위에서 애처롭게 잠들던 백조와 오리들이 유유히 물결을 일으키며 지나가는 모습이 역동적이기까지 하다.

봄은 그렇게 오고 있다. 겨울과 봄에 대해, 우리는 선악이나 어둠과 빛과 같은 상반된 비유를 하곤 하는데 돌이켜보면 겨울도 겨울 나름대로 그 역할을 다하고 추억을 주었다. 매년 찾아오는 것들에 대한 이러한 호들갑은, 어쩌면 우리네가 100년을 훌쩍 넘는 삶을 살 수 없다는 한계에서 오는 지나가는 것들에 대한 아쉬움이거나, 다가오는 것들에 대한 기대일지 모른다.

그렇게 봄은 오고 있고, 또 지나갈 것이다.

또 다른 계절에 대한 호들갑을 떨 그즈음에.

봄이라는 단어는 이렇게 특별하다. 어느 나라, 누구에게도 그렇다. '시작'이라는 단어를 자연스럽게 떠올리게 하고 '새 생명'의 태동과 일맥상통한다. 이에 반해 겨울은 그저 같은 계절인데도 불구하고 시련과 고독을 뒤집어쓴 억울한 존재다. 겨울이 '악'이라면 봄은 '선'을 맡고 있다. 해서 봄은 그렇게 상대적으로 더 설렌다. 빼앗긴 들에도 오는 봄의 위력이다. 여기, 네덜란드도 다르지 않다. 봄이 언제부터 시작되는지는 큰 의미가 없다. 네덜란드 날씨의 특성에서 살펴보았듯이, 체감온도는 매우 낮더라도 물리적 기온이 0도를 왔다 갔다 하니 연중과 겨우내 나라 전체가 푸르르기 때문이다. 물론 나무와 꽃들은 앙상하다. 망울들이 고개를 쳐들고야 말 때, 우리는 그때를 네덜란드의 봄이라 할 수 있을 것이다.

더불어 네덜란드는 전 유럽 '봄'의 시작을 담당하는 중책을 담당하고 있다. 많이 알려진 튤립 축제, 즉 큐켄호프에 튤립이 피기 시작하는 그때에야 비로소 네덜란드에, 유럽에 봄이 왔다고들 한다. 이 때문에 '유럽의 지붕'이라는 별명을 가진 스위스 융프라우나 '유럽의 발코니'라 불리는 스페인의 네르하와 함께 네덜란드는 '유럽의 정원'이라는 타이틀을 거머쥐고 있다.

네덜란드의 봄은 2월부터 5월 사이다. 2~3월 겨울의 끝자락에서 봄으로 넘어가는 순간을 몸소 겪어 보는 것도 좋다. 매서운 바람과 날씨의 변덕 그 자체도 네덜란드의 일부임을 받아들일 수 있다면 말이다. 2월부터 시작하는 네덜란드 카니발 축제와, 3월부터 피기 시작해 5월까지 이어지는 튤립의 향연. 그리고 여름 이전에 이어지는 '왕의 날' 축제를 하나하나 마주하다 보면 우리는 어느새 네덜란드의 봄을 즐기고 있음을 알게 된다.

1. 네덜란드 봄 축제 즐기기

1) 네덜란드 카니발 (2월)

다시 책의 첫머리로 돌아가 보자. 이 책을 쓰게 된 단초가 바로 '네덜란드 카니발'이다. 당최 네덜란드와 어울리지 않는 카니발이라는 단어가 이 나라에 붙은 것이 이상해서 알아본 결과 네덜란드에 축제가 연중 내내 매월 즐비하다는 사실을 알게 된 것이다.

다시, 네덜란드와 카니발은 그리 잘 어울리는 단어는 아니다. 카니발 하면 브라질인데. 어쨌든 네덜란드도 카니발이 있다 하니 좀 더 알아보기로 했다.

우선 사전적 의미부터.

Canival
1. 주로 서양에서, 가장행렬 등이 있는 떠들썩한 행사나 축제
2. [천주] 가톨릭교 국가에서, 육식이 금지되는 사순절(四旬節)이 오기 전 3~8일 동안 술과 고기를 먹으며 즐기는 축제

사실 사전적 의미도 우리에게 그리 친숙하지는 않다. 우리네 머릿속 카니발이란 모름지기 화려한 옷과 춤, 그저 방탕하고 자유로운 어떤 것으로 자리매김 되어 있기 때문이다. 나 또한 카니발에 종교적 의미가 있었다는 사실을 알지 못했다. 물론 지금에 와서 카니발은 종교적인 배경을 뒤로 한 채 삶을 즐기는 방법에 초점을 두고 있다.

또한 카니발은 네덜란드의 남쪽에서만 행해진다. 실제로 카니발을 참석하겠다는 동료에게 카니발의 유래가 무엇인지, 또 남쪽 지방에서만 행해지는 이유가 무엇인지 물었을 때 그 친구는 명쾌한 답을 주지 못했다. 어릴 적부터 그렇게 살아왔기 때문에 내 질문이 그 친구에게는 그저 당연한 일이었기 때문이다. 이방인인 내 눈으로 봤을 때에야 할 만한 질문이라고나 할까.

본래 카니발은 사육제로 번역되는데, 라틴어의 카르네발레(Carne Vale

고기여, 그만) 또는 카르넴 레바레(Carnem levare 고기를 먹지 않다)가 어원이라는 설이 유력하다. 부활절 약 40일 전에 시작하는 사순절 동안은 그리스도가 황야에서 단식한 것을 생각하고 고기를 끊는 풍습이 있었기 때문에 그 전에 고기를 먹고 즐겁게 노는 행사가 카니발의 유래가 된 것이다. 옛날에는 로마가 중심이었으나 현재는 이탈리아의 피렌체, 프랑스 니스, 독일 쾰른, 스위스 바젤 등 로마 가톨릭의 여러 나라와 미국 뉴올리언스, 브라질 리우데자네이루 등지에서 성행하지만 프로테스탄트 국가에서는 별로 행하지 않는 추세다.

네덜란드 카니발은 원래 유럽 이교도의 페스티벌에서 시작되었다. 가톨릭과 기독교에 동화되어 진행되긴 했지만 점점 종교적 색채가 사라지고 모든 사람이 즐기는 축제로 변모했다. 네덜란드 카니발은 여느 나라와 같이 겨울에서 여름으로 향하는 봄의 축제이며, 어둠에서 빛으로 나아가고 농작물의 풍요와 나라의 번영을 기원하는 데 그 목적이 있다. 축제는 부활절을 6주 앞둔 일요일부터 화요일까지 3일간 진행되는데 최근엔 토요일부터 시작하는 추세다.

카니발이 남부 지방에서 주로 행해지는 데 대한 남부 출신 동료의 설명이 재미있다.

"Charley! 네덜란드 북쪽 사람들은 보수적이고 거만하고, 중부와 동부 사람들은 여전히 보수적이긴 하지만 조금은 더 친밀해. 나와 같은 남부 출신 사람들은 마음이 열려있고, 누구보다 친근하니 카니발 꼭 한번 보러 와!"

사실, 내가 이런 생각을 하면 안 되는 줄 알면서도, 남한(한반도가 아닌 남한) 면적의 절반이 채 안 되는 이 작은 나라에서 북부/ 중부/ 남부를 나누고 카니발도 지역별로 한다는 것이 흥미롭긴 했다.

네덜란드는 프로테스탄트, 즉 신교를 선언하며 스페인으로부터 독립한 국가다. 그런데도 가톨릭의 뿌리가 깊고 깊어 네덜란드 남부와 벨기에 전역을 아우른다(벨기에도 네덜란드였지만 독립을 했다. 독립한 가장 큰 이유는 민족성이 달라서지만 그들의 민족성 또한 신교와 구교에서 큰 영향을 받은 것은 틀림없다).

네덜란드 카니발의 코드를 이야기해 보라고 하면, 난 주저 없이 "망가져도 괜찮아!"를 외칠 것이다. 이 축제 기간 동안은 먹고 마시고 즐김과 동시에 요상한 코스튬과 함께 한다. 어찌 보면 할로윈과 크게 다르지 않다고도 할 수 있으나 지향하는 바가 다르다. 카니발 기간에는 역할을 바꾸어 보거나, 사회 비판을 하거나, 일시적으로 사회가 요구하는 기준이나 표준을 버리고 자유로울 수 있다. 이 기간에 행해지는 사회 비판 퍼포먼스에 대해 정치인이 난색을 표명한다면 오히려 그 정치인의 정치 인생이 마감될 수 있을 정도의 자유라고 하니 그 힘이 대단하다.

심오하게 생각하지 않더라도 그저 마시고 즐기고 소리치고 인사하고 가족이나 친구, 그리고 지나가는 모든 사람과 흥겹게 보낼 수 있는, 말 그대로 망가져도 괜찮은 바로 이 시간이 카니발인 것이다.

카니발 기간 동안 축제를 온몸으로 즐길 수 있는 주요 도시는 다음과 같다.

- 지역 Brabant, limburg, Zuid-Gelderland
- 도시 : Eindhoven, Breda, Hertogenbosch, Maastricht

참고로 카니발 기간에는 네덜란드 국기보다 '빨강-파랑-초록색'의 새로운 깃발과 문양을 많이 볼 수 있는데 이는 카니발이 열리는 도시 연합을 상

카니발을 즐길 수 있는 주요 도시

징하는 'Carnaval Flag'다. 이 기간에는 'Prince Carnaval'이라는 임시 시장
이 임명되기도 한다.

이방인의 눈으로 네덜란드 카니발을 즐길 수 있는 도시를 꼽으라면 단연
코 'Maastricht(마스트리흐트)'를 추천한다. 네덜란드의 가장 오래된 도시
이며, EU의 출범을 알린 우리에게 마스트리흐트조약[1]으로 더욱 유명한 도
시다. 중세의 분위기가 고스란한 광장의 분위기는 물론, 이 광장을 지나가는
카니발 퍼레이드의 규모가 가장 크다. 규모가 크다고 하더라도 그 면면을 보
면 소박함과 화려함을 수시로 오간다. 어떤 퍼레이드 조형물은 거대하여 고
개를 쳐들게 하지만, 또 어떤 것은 집에서 정성스레 만들어 가족끼리 입고
나온 수준이다. 하지만 네덜란드 축제의 매력이 바로 이것이다. 보여주기보
단 사람들 스스로 즐기기 위한 축제. 화려함과 소소함이 오가며, 어찌 보면
소박함이 묻어나는 시간.

'Maastricht(마스트리흐트)'가 아닌 다른 도시들 또한 퍼레이드를 진행한
다. 만약 그곳에 간다면 작은 규모에 실망할 수도 있지만, 가족적인 분위기
에 금방 동화될 것이다. 여행 온 이방인을 그렇게 환대해줄 곳이 어디 또 있
을까란 생각이 들 정도로. 온 동네가 들썩한 그곳에서 당신은 그저 한 손에
맥주잔만 들고 있으면 어느새 마을 주민이 되고 가족이 된다. 영어가 능숙한
사람들은 당신의 술 취한 영어 발음도 흔쾌히 알아들을 것이고, 거기에 맞장
구쳐 줄 것이라고 내가 보증한다.

가족과 함께 그 규모가 가장 크다는 Maastricht(마스트리흐트)로 향했다. 가

1 **마스트리흐트 조약** : 유럽공동체(EC) 회원국들이 1991년 12월 11일 네덜란드 마스트
리흐트에서 열린 유럽공동체 12개국 정상회담에서 타결 합의한 유럽통합조약을 말한다.
1992년 2월 유럽공동체 외무장관 회의에서 정식으로 조인되어 1993년 11월 1일부터 정
식으로 효력을 발휘하였다. 이 조약에 따라 유럽공동체(EC)는 유럽연합(EU : Europe-
an Union)으로 명칭을 바꿔 출범했다.

퍼레이드 시작 전 마스트리흐트 광장

카니발의 퍼레이드는 거대함과 소소함의 어우러짐이다.

깝지는 않았다. 암스테르담으로부터 차로 211km, 약 2시간이 조금 넘는 이
동시간. 위치나 거리상으로 보면 아래쪽 벨기에나 오른쪽 독일의 국경을 넘
고도 남는다.

마스트리흐트 시내가 가까워져 오니 제법 축제의 분위기가 흥건하다. 도시 초입은 차들로 북적이고, 퍼레이드를 준비하는 악단이 도로를 점령하고 천천히 걷는다. 주차장에 주차하고 부푼 마음으로 우리 가족은 길을 나섰다. 그 날의 축제를 즐기기 위해 선택한 코스튬은 바로 한복이었다. 한국의 구정과 가까웠던 시기였고, 한국의 전통을 알리고자 한 소박한 사명감. 그리고 자유롭고 엉뚱하고 즐거운 그들의 반열에 함께 오르기 위해. 덕분에 결혼식 때 한 번 입고 잊고 있었던 한복이 세상의 빛을 보았

한복 입고 인사하는 모습

다. 네덜란드 남부 지역에서. 이 기간이면 네덜란드 중·북부에 있는 사람들도 남부지역으로 내려가는 귀성 행렬을 만들어 내니 구정이라는 느낌을 조금 받을 수 있었다.

축제의 중심이 어딘지는 정확히 몰랐지만, 뭔지 모를 들뜬 분위기가 우리를 이끌었다. 주위에 함께한 사람들도 기웃거리며 걷고 있었지만 말하지 않아도 알고 있었다. 서로 같은 곳을 가고 있음을.

차량 통제가 이루어진 곳곳의 길과 골목은 사람들로 메워져 있었다. 마침내 도착한 마스트리흐트 중앙 광장. 이미, 퍼레이드를 위한 가이드라인은 정해져 있었고 사람들은 기대에 차 그 행렬을 기다리고 있었다. 마스트리흐트 중앙 광장은 정말 아름다웠다. 가운데에 서서 스스로 360도 카메라가 된 것처럼 제자리에서 한 바퀴를 돌아 그 광경들을 눈에 담으면 평생 기

억에 남을 정도다.

마침내 퍼레이드가 오고 있음을 저 멀리 악단의 소리로 알 수 있었다. 거대한 조형물과 더불어 집에서 만들어온 것 같은 수수한 장식까지. 그 크기와 위상을 넘어 모두의 얼굴은 기쁨과 환희로 가득 차 있었다. 보고 있는 사람들도 다르지 않았다. 우리 가족은 한복을 입은 채로 행렬하는 사람들을 향해 손을 흔들었다. 우리의 모습이 신기해 보였는지 많은 이들이 화답을 했다. 날씨는 아직도 매서웠고 햇살은 인색했지만, 사람들 하나하나의 웃음이 그 날의 분위기를 화사하게 기억하도록 했다. 지금도 기억을 떠올리면 눈이 부실 정도로.

네덜란드 카니발 제대로 즐기기

① 평생 입어보지 않은 이상한 옷 한 번 입어보기
② 나보다 더 이상하게 옷 입은 사람들과 사진 찍기
③ 카니발이 행해지는 도시에서 낮에 퍼레이드 행렬 보기
④ 밤에는 Pub에서 우스꽝스러운 사람들과 진지하고 즐겁게 맥주 마시기
⑤ 축제 장소에서 만나는 다양한 노점상 즐기기(먹고, 사고)

2) 튤립 축제 (큐켄호프 3월 ~ 5월)

변절기 앞에서의 호들갑은 4계절 중에서도 봄에 더 유난하다. 어둠에서 빛으로, 겨울에서 봄으로. 만물이 소생함은 물론, 각자의 마음속에도 계절을 넘어서는 무언가가 용솟음치기 때문이다. 감성이라고 해두자. 봄이 와서 봄인지, 아니면 내가 느껴서 봄인지를 판단하게 하는 가장 큰 준거는 '꽃'일

지 모른다. 그렇게 꽃은 기어이 피고 만다. 체감 온도는 봄이 아닌데, 전기장판으로 기어들어 가고픈 날씨가 이어지는데도 그렇게 핀다. 꽃을 보고 봄을 깨닫는다. 시각과 촉각의 부조화가 이채로워지는 순간이다.

위치상으로는 유럽의 윗마당 정도 되는 위치에 놓인 이 '유럽의 정원'에 봄이, 아니 꽃이 온다. 꽃에 대한 사람들의 반응과 느낌은 크게 다르지 않아 특별할 것도 없다. 하지만 꽃을 보고 피어나는 마음속은 상상하지 못한 각자의 모습으로 그려진다. 각자의 방식으로. 아름답게.

꽃을 좋아하는 사람들. 바로, 네덜란드 사람들. 한 해 약 90억 송이의 튤립을 재배하고 72% 이상을 전 세계로 수출한다. 세계 최고의 수출량이다. 좋아하는 것으로 돈을 만드는 가장 '이상적인' 모습이 아닐까. 앞서 언급한 대로 튤립은 터키에서 들여와 개척된 땅에서 400년간 재배되었다. 자동화

온실 같은 첨단 시설과 기술력을 바탕으로 꽃 품종 개량에 앞서왔다. 그 결과, 수입한 꽃들을 개량하여 더 비싼 가격에 되파는 '더치'다운 면모를 보이고 있다. 그래서 튤립은 네덜란드를 대표한다. "튤립 보러 네덜란드 가자!"란 말이 어색하지 않다. 네덜란드라는 단어를 들었을 때, 풍차가 도는 들판에 튤립이 만개한 모습은 자동으로 떠오를 정도다.

이 튤립 축제의 이름이 바로 '큐켄호프(Keukenhof)'다. '튤립 축제'란 말은 친근한데, 이 큐켄호프는 좀 낯설다. 그 뜻을 보면 좀 더 흥미롭다. '큐켄(Keuken)'은 '부엌'을 의미하고, '호프(Hof)'는 '정원'이다. 즉, 'Keukenhof'는 'Kitchen Garden'을 말한다. 15세기까지만 해도 'Hunting ground', 즉 사냥터로 쓰이던 이곳은 16세기에 어느 백작 부인이 소유하게 된다. 그리고 백작 부인의 집 부엌으로 갖은 채소와 허브를 재배하여 가져오게 된 것이 이름의 유래다. 백작 부인이 세상을 떠난 후에는 돈 많은 상인이 이곳을 인수하고, 동인도 회사의 선장이나 유명한 정치인들의 주거지가 된다. 19세기에 이르러 이곳에 조경 사업과 단장이 이루어지고, 1949년에 이르러 큐켄호프가 위치한 'Lisse'도시의 시장 아이디어로 인해 튤립 공원으로 마침내 재탄생하게 된다. 개장한 1950년 첫해는 약 23만 명의 사람들이 오갔고, 현재는 90만 명이 넘게 방문하는 큰 축제가 되었다.

큐켄호프에 발을 들여놓는 순간 모든 것은 아름다움으로 다가온다. 생동감이 있고, 즐거움이 있다. 경이로움도 함께 한다. 7백만 개의 꽃 구근과 800개가 넘는 튤립의 종류를 보면 그렇다. 물론, 놀라움의 연속이 계속되면 감흥이 점점 덜해지기도 한다. 특별함의 연속이 보통의 결과를 낳거나, '우와'를 감탄하며 지나가던 스위스 융프라우의 절경을 보다 보면 어느새 눈 덮인 산에 지나지 않는 것처럼 보이는 것과 같다. 그래도 튤립 축제가 지루할 틈이 없는 것은 해마다 테마가 있기 때문이다. 올해는 'Dutch Design'을 테마로 네덜란드가 낳은 예술가들의 작품이 형상화될 예정이다.

　꽃 구경 말고도 흥미로운 것들이 많다. 45분이 소요되는 "Whisper boat"는 튤립이 평야에 줄을 지어 이어진 모습을 감상하거나 사진 찍기 제격이다. 우리가 엽서에서나 보던, 평야에 끝없이 줄지어진 튤립은 사실 재배 농가의 사유지로 큐켄호프 내에서는 볼 수 없는 광경이기 때문이다. 더불어, 네덜란드에 왔다면 자전거를 빼놓을 수 없으니 큐켄호프 주변을 자전거로 유유히 달려 보는 것도 추천한다. 전체를 다 돌기 위해서는 25km를 달려야 한다. 물론 의무는 아니니 걱정은 안 해도 된다. 달리고 싶은 만큼만 달리고 반납하면 된다.

자전거 투어 정보 및 즐기는 법
- 큐켄호프 입구 Main Entrance에서 쉽게 찾을 수 있다.
  (3월 23일 ~ 5월 21일 운영)
- 자전거 대여료 10유로 (커플 자전거 25유로)
- 코스 : 5km 한 시간 코스부터 25km 두 세시간 코스로 다양하다.

　날짜별로 이어지는 이벤트도 확인하고 가면 좋다. 해마다 Music, Flower market, Fun for Kids, Flower Parade, Food & Flower Festival, Flowers & Fashion Festival 등의 이벤트가 일정을 공지하고 열린다. 홈페이지(keukenhof.nl)를 참고하면 각각의 정보를 쉽게 볼 수 있다. 더 흥미로운 것은 날짜를 맞추어 볼 수 있는 꽃들도 있다는 것이다. 아래 Flower Show 일정을 참고해보자.

Dates	Flower shows
3월 23일 ~ 3월 28일	Tulipshow : Oranje Nassau Pavilion
3월 30일 ~ 4월 4일	Freesia show : Oranje Nassau Pavilion
3월 23일 ~ 5월 21일	Anthurium show : Beatrix Pavilion
3월 23일 ~ 5월 21일	Orchids show : Beatrix Pavilion
3월 23일 ~ 5월 21일	Amaryllis show : Willem-Alexander Pavilion
3월 23일 ~ 5월 21일	Bulb-on-pot show : Willem-Alexander Pavilion
3월 23일 ~ 5월 21일	Potted plants show : Willem-Alexander Pavilion
4월 6일 ~ 4월 11일	Gerbera show : Oranje Nassau Pavilion
4월 13일 ~ 4월 18일	Roses show : Oranje Nassau Pavilion
4월 20일 ~ 4월 25일	Daffodils and Special Bulbs show : Oranje Nassau Pavilion
4월 23일 ~ 5월 21일	Tulip show : Willem-Alexander Pavilion
4월 27일 ~ 5월 3일	Alstroemeria show : Oranje Nassau Pavilion
5월 5일 ~ 5월 14일	Chrysanthemum and Calla show : Oranje Nassau Pavilion
5월 10일 ~ 5월 21일	Lily show : Willem-Alexander Pavilion
5월 16일 ~ 5월 21일	Carnation and Summerflowers show : Oranje Nassau Pavilion

큐켄호프는 3월에서 5월까지 이어지지만, 가장 추천하는 방문 시기는 4월 중순이다. 3월은 생각보다 춥고 꽃이 만개하기 전이라 꽃보다는 봉오리를 볼 가능성이 높기 때문이다. 5월은 이미 꽃들이 지기 시작하는 때로, 따뜻한 날씨라 꽃이 한가득할 거란 기대를 하고 갔다간 낭패를 볼 수 있다. 꽃

의 종류가 확연히 줄어 있고, 많은 곳이 듬성듬성한 모양새다. 꽃잎이 후드득 떨어진 초라한 튤립들이 대부분이다. 추운 이른 봄에 피고 5월의 햇살이 오기도 전에 지는 튤립이라니, 어찌 보면 추위를 타지 않고 더위를 잘 타는 네덜란드 사람들에게 동화되었는지 모른다. 하긴 400년이 흘렀고 네덜란드를 대표하는 존재가 되어 버렸으니 그도 그럴 수밖에.

꽃 이야기가 나와서 말인데, 아름답게만 보이는 이 꽃 때문에 네덜란드 사람들은 흥망을 겪었다. 그래서 나는 네덜란드 사람들을 '꽃 바보'라고 감히 말한다. 바보라는 단어에는 '어리석은'이란 뜻이 있기도 하지만 그것만을 사랑한다는 의미도 있으니 어느 네덜란드 사람에게 돌 맞을 정도는 아닌 표현이라 믿는다. 그래서 이어서 네덜란드 사람들이 꽃 때문에 겪은 이야기를 해보고자 한다.

꽃 바보 네덜란드 사람들 이야기다.

> 영국에서 온 식물 애호가가 네덜란드의 친구 집을 찾아갔다. 그 애호가는 보기 드문 양파 같은 것을 발견하고 그 껍질을 벗겨 속을 열어 보았다. 친구가 돌아오자 "이것이 무슨 양파입니까?"라고 물었다. "데르 아이크 제독이라고 합니다.", "감사합니다." 애호가는 노트에 적으면서 계속 질문했다. "이것은 네덜란드에서 흔한 유형입니까?" 그러자 친구는 애호가의 목덜미를 잡고 "함께 행정관에게 가보면 압니다."라고 대답했다. 애호가는 금화 2000개의 배상금을 지급할 때까지 채무자의 감옥에 감금되었다.
>
> ─ 튤립 파동 中 ─

튤립으로 단기간에 막대한 부를 얻을 수 있다는 소문이 사람들에게 퍼진 때는 네덜란드가 세계에서 가장 부유했던 그때였다. 16세기 중반, 네덜란드의 황금시대.

돈의 흐름이 활발해지고 너나 할 것 없이 부가 쌓이다 보면 거품도 생기게 마련. 한때 주식 호황을 누리던 미국의 월스트리트 앞 점심 한 끼 햄버거의 값이 100달러를 호가했던 사태의 원조가 바로 튤립 파동이다.

이 튤립 파동은 1720년 영국의 남해회사(The South Sea Company)의 투기 과열이 불러온 '남해 거품 사건(South Sea Bubble)', 18세기 초 프랑스 식민 자본의 실적 부풀리기 '미시시피 계획(Compagnie du Mississippi)'과 함께 근대 유럽의 삼대 버블로 기억되고 있다. 이 중에서도 시간순으로 보면 가장 먼저 일어난 일이니, '원조'를 넘어 '시조'격이라 해도 과언이 아니다.

네덜란드 꽃시장을 방문해보면 동글한 조약돌 모양의 튤립 구근이 잘 포장되어 있는데, 흙에 심으면 금세 자라 꽃망울을 터뜨린다. 구근이 아닌 종자는 꽃이 피는 데까지 약 6년~7년이 걸리고, 혹이라도 배수가 잘되지 않으면 뿌리는 금방 썩어나간다. 더불어 건조하거나 토양이 비옥하지 않으면 생육이 잘 안 되며 온갖 병충해에 약하여 꽃을 보는 데까지 여간 신경이 쓰이는 것이 바로 튤립이다.

튤립의 원산지는 터키와 중앙아시아, 중국의 신장위구르에 위치한 천산산맥 주변 지역으로 오스만튀르크 제국의 영토확장 중 발견되어 궁전에 심긴 후 옷의 문양이나 그림에 등장하게 되었다. 그리고 마침내, 16세기에 이르러 식물학자와 상인들에 의해 유럽 각지에 튤립이 전해지게 되었다. 16~17세기에 전해진 튤립의 구근은 이렇듯 생육하기 어렵다는 점, 그럼에도 불구하고 아름다운 그 모습 때문에 희소성을 띠게 되었다. 남아도는 부와 부자가 되고 싶은 열망에 사로잡힌 이들의 광기가 더해져 튤립의 값어치는 하늘 높은 줄 모르고 솟아올랐다.

튤립 파동의 정점은 1637년 2월이었다. 당시 능숙한 장인이 한 해 동안 열심히 일하여 번 돈의 10배를 호가하는 튤립 구근 하나의 값은, 그 시대의 부와 광기의 정도가 어느 정도였는지를 가늠하게 해준다. 이 거대한 경제 거품은 사람들의 이성을 마비시켰지만, 당시 사람들은 그것을 깨닫지 못했을 뿐만 아니라 꽃이 피지도 않았는데 미래 어느 시점을 정해 특정한 가격에 매매한다는 계약을 사고 파는 선물거래까지 만들어내는 웃지 못할 일까지 벌어졌다.

정식 증권 거래소가 아닌 술집에서 열린 이러한 거래는 간단한 계약서와 가벼운 중도금으로 통용이 되었다. 이성이 마비되어 돈만 바라본 사람들의 촌극이라 할 수 있었겠다. 중도금 또한 돈이 될만한 것이면 무엇이든 가능했으니, 요즘 세상의 개미투자자와 같은 서민들이 너도나도 생필품이나 돈이 될만한 물건들을 들고 일확천금을 꿈꿨다. 아름다운 비눗방울도 결국엔 터지기 마련. 튤립에 의한 거대한 거품은 마침내 터져 팔겠다는 사람만 남게 되었고, 사는 사람들이 사라지면서 많은 상인과 귀족들은 돈과 땅을 잃게 되었다.

이러한 튤립 파동은 역사적으로 네덜란드에 큰 상처를 안겨주었다. 먼저, 이 사건이 영국에게 경제 대국 자리를 넘기게 된 하나의 큰 요인이었다는 것. 절제와 금욕을 취지로 하는 칼빈주의 성향의 네덜란드 사람들에게는 자존심 상하는 사건이었다는 것. 덕분에 칼빈주의적 미덕관이 다시금 부활이 되긴 하였으나, '욕심 많은 플로라(꽃과 풍요의 여신)에 바치는 바보들'이라는 비판을 피해갈 순 없었다.

원예 애호가들에 의해 품종개량 및 재배된 다양한 이름의 튤립은 사람들을 광기에 빠지게 하는 데 한몫했다. 아름다움은 곧 돈으로 환산되었으며 그 희소성과 독특한 문양은 사람들을 매혹시켰다. 가장 인기 있었던 품종은 브레이킹(색의 혼합)을 일으킨 보라색과 흰색 줄무늬의 [센 페이 아우구스투스; 영원한 황제, Semper Augustus]였다.

재미있게도 이런 트라우마가 있음에도, 네덜란드 사람들은 꽃을 여전히 사랑한다. 꽃은 어디에나 있다. 슈퍼마켓을 가거나, 거리의 곳곳에도. 주말마다 서는 장에도. 꽃을 팔지 않는 곳이 없을 정도다.

마트 입구에는 언제든 사갈 수 있는 꽃이 즐비해 있다.

꽃은 삶의 일부이자 즐거움이다. 생일을 맞이한 사람에게나 집들이에는 의무적이고도 필수적으로 꽃은 등장한다. 그만큼 사람들의 손에는 언제나 꽃이 들려져 있고, 또 전달되고 있다고 해도 과언이 아니다.

잘 알다시피 네덜란드는 원예농업으로 유명하다. 그래서 이쯤 되면 궁금하다. 꽃이 좋아서 원예 농업을 발전시킨 것일까? 아니면 원예 농업을 발전시키다 보니 꽃을 좋아하게 된 것일까?

여기서 잠시 살다 보니 느낄 수 있는 건, 두 가지 다 맞는 말일 수 있다는 것이다. 먼저는 어렵게 개간한 땅을 그저 곡식으로 채우기보다 돈이 되는 것에 더 투자한 결과이자, 자신의 앞마당을 꽃과 함께 소중히 가꾸는 네덜란드 사람들의 꽃에 대한 사랑과 근면 성실함이 공존하기 때문에.

2차 세계대전 이후에 본격화한 네덜란드의 시설원예 사업은 타의 추종을 불허했다. 네덜란드의 최근 원예작물 생산액은 86억 유로, 원예 산물 수출량은 중개 수출 포함하여 162억 유로 수준이다. 원예 산물 생산액은 전체 농업 생산액의 39%, 네덜란드 총 수출액의 4%, 농식품 수출액의 34%를 차지한다. 아름다움은 덤이면서 돈도 되는 산업. 줄여서 네덜란드의 아름다운 산업인 것이다.

꽃은 이렇게 네덜란드 사람들과 흥망을 함께 했다. 꽃이 그들에게 흥망을 가져다주었는지, 아니면 그들이 꽃으로 하여금 흥망을 가져오게 했는지는 명쾌한 답이 있으나 함구하겠다. 더치 친구들도 이것에 대한 답을 알고 있을 것이다. 그래서 '꽃 바보'란 말에 고개를 끄덕일 것이다.

큐켄호프 제대로 즐기기

① 큐켄호프 웹사이트(keukenhof.nl) 정보를 통해 이벤트 및 테마 확인을 한다.
입장료는 어른 16유로, 4~11세 아이 8유로다.('Holland Pass'나 'Iamsteredam city card'를 이용하면 무료이거나 많은 할인을 받을 수 있으니 확인은 필수!)
② 방문은 4월 중순이 가장 좋다. 만개한 꽃들의 향연을 보기 위함이다.
③ 엽서에 나오는 끝이 보이지 않는, 열 맞춘 튤립을 보려면 보트투어를 한다.
④ 자전거를 대여하여 아름다운 주변을 둘러본다. 커플 자전거도 있으니 커플들은 참고하시라.
⑤ 아름다운 꽃과 풍차를 한 앵글에 담아 사진을 찍는 것은 필수다.
⑥ 아직은 날씨가 오락가락할 때이니, 방수 소재의 겉옷을 가져가는 것이 좋다.

튤립 필드 즐기기

튤립이 길게 늘어선 '튤립 필드'는 큐켄호프에 없다. 보통 튤립 필드는 사유지라 웬만해선 개방을 안 하지만, 큐켄호프 일정에 맞추어 단순히 사진을 찍는 것은 허용하기도 한다. 단, 꽃 사이 도랑으로 들어가는 것은 벌금을 물 수도 있으니 유의해야 한다. 차량을 가지고 있다면 아래 주소를 찍고 가보자. 주변에 연결이 되는 코스로 끝이 보이지 않는 튤립 필드에서 찍은 사진 하나는 오랜 추억이 될 것이다. 4월 중순부터 말까지가 둘러보기 가장 좋고, 차량은 안전하게 주차를 하고 즐겨야 한다.

① Zwartelaan, Lisse
② Veenenburgerlaan, Hillegom
③ Herenweg, Noordwijkerhout
④ Zilkerbinnenweg, De Zilk

3) King's Day (왕의 날 4월)

네덜란드 왕실을 운영하는데 드는 비용은 매년 약 4천만 유로, 우리나라 돈으로 약 560억 원이 소요된다. 이 돈은 정부에서 지원받고 있고 국민의 세금에서 나온다. 이 중 국왕의 연봉은 약 83만 유로, 우리 돈 약 12억 원으로 연봉만으로 보면 미국 대통령의 두 배이자 자국 총리의 5배로 비교적 높은 수준이다.

2011년부터 의회에서 왕정 분리가 결정되고 국정에 관여하지 않게 되면서 하는 일에 비해 너무 많은 돈을 받는 것은 아닌지에 대한 부정적인 여론이 나오고 있기도 하다. 실제로 네덜란드 정치 단체인 신 공화협회는 국왕 봉급 삭감 청원 운동을 벌이기도 했고, 이를 의식한 국왕은 2013년 즉위식 비용을 700만 유로에서 500만 유로로 깎았다. 우리나라에선 상상하기, 아니 생각하기 쉽지 않은 말 그대로 그러한 '시추에이션'이다.

그런데도 네덜란드는 살아있는 왕과 왕비를 만날 수 있는 몇 안 되는 나라 중 한 곳이며, 왕실은 국가를 대표하는 외교 사절로서 대외 활동은 물론 어려운 사람들을 위한 봉사 활동을 적극적으로 펴고 있다. 이에 대한 국민의 여론은 대체로 호의적이며 이를 바탕으로 현 국왕에 대한 신뢰도는 지난 4년 전보다 20% 이상 높아져 그 인기를 실감할 수 있다.

"젊고 멋진 두 사람(국왕 부부)이 네덜란드를 위해 함께 노력하는 것은(국민으로서) 대단한 행복입니다. 외교적으로도 대단한 영향력을 가지고 이 시대에 맞는 활동을 하고 있습니다."

 - YTN 뉴스 인터뷰 [아이런 밀레느, 민영 방송사 리포터]

국민이 주는 세금을 의미 있게 쓰기 위해, 낮은 자세로, 권위를 내세우기
보다는 노블레스 오블리주를 실천하는 왕실의 움직임 하나하나가 계속해서
결실을 맺어온 결과다. 참고로 네덜란드 정부 또한 국민의 신뢰를 많이 받고
있는데, 의원 사무실은 우리나라 국회의원 사무실의 절반도 채 되지 않고 많
은 국회의원이 자전거를 타거나 직접 차를 몰고 출퇴근을 한다. 국제투명성
기구 조사에 따르면 네덜란드의 공공과 정치에 대한 부패인식 지수는 177
개국 중 8위로 46위인 한국과 비교하면 '투명하다'는 말을 써도 과언이 아니
다. 네덜란드 사회의 최대 부패 스캔들은 2002년 내무장관이 로테르담 시
장으로 재임하던 16년 동안 판공비 400여만 원을 개인 용도로 사용한 것이
라는 것이 그 수준을 짐작케 한다. 국민이 세금을 많이 내도 큰 불평 없이 국
가를 믿고 내는 이유이자 국가가 돌아가는 원동력이다.

Hoe is Die 39,4 miljoen opgebouwd?	
Kostenpost	Bedrag
Salaris koningin Beatrix	€830,000
Kosten Personeel en materieel koningin Beatrix	€4,358,000
Salaris prins Willem-Alexander	€246,000
Kosten personeel en materieel prins Willem-Alexander	€1,152,000
Salaris prinses Maxima	€246,000
Kosten personeel en materieel prinses Maxima	€384,000
Personeel koninkriljk Huis	€17,631,000
Materieel Koninijk Huis	€7,817,000
Luchtvaartuigen	€1,107,000
Onderhoud Groene Draek	€47,000
Reizen naar Caribish deel koninkriljk	€80,000
RVD	€1,375,000
Kabinet der koningin	€2,372,000
Militair huis	€1,850,000
Total	€39,405,000

올해는 왕실이 돈을 얼마나, 어디에 썼을까? www.koninklijkhuis.nl에서 상세 경비소요 내역을 볼 수 있다.

네덜란드 '여왕의 날' 축제의 시작은 120여 년 전으로 거슬러 올라간다. 역사상 처음으로 즉위한 빌헬미나 여왕의 생일을 축하하기 위해 당시에는 8월에 축제 날이 거행되었지만, 그 뒤를 잇는 여왕들을 거치며 날짜는 변경되었다. 현재의 왕 바로 이전 베아트릭스 여왕 시절에는 그 날을 4월 30일로 정했는데, 사실 이 날이 베아트릭스 여왕의 생일은 아니었다. 이는 어머니인 율리아나의 생일로 어머니에 대한 존경을 포함하는 의미도 있었지만 베아트릭스 여왕의 생일이 1월 31일로 추운 겨울이라 국민이 축제를 좀 더 편하게 즐길 수 있도록 한 배려도 포함되었다고 한다. 높은 분들의 따뜻한 배려라니, 낯설다 못해 눈물 나게 부럽다. 최근엔 '빌럼 알렉산더르 왕'의 실제 생일인 4월 27일로 진행이 되고 있으며, 만약 그의 생일이 일요일인 경우 하루 전날인 토요일로 대체된다. 토요일도 휴일이긴 하지만.

현재는 33년간 이어진 베아트릭스 여왕으로부터 왕위를 승계받은 빌럼

알렉산더 국왕이 그 역할을 하게 되어 축제의 명칭은 '왕의 날(Queen's day → King's day)'이 되었다. 123년간의 여왕의 시대는 이렇게 끝나게 되었다.

하지만 세상은 돌고 돌게 마련. 언제가 될지는 모르지만, 다음 왕위는 국왕의 장녀인 카탈리나-아밀리아 공주가 계승하게 되고, '왕의 날'은 '여왕의 날'로 다시 바뀌게 된다. 현재 빌럼 알렉산더 국왕과 그 부인인 막시마 여왕의 슬하에는 왕자 없이 공주만 3명이기 때문이다.

막시마 여왕의 이름이 나온 김에 잠시 그녀에 대해 이야기를 해보고자 한다.

> 여기 한 여인이 있다. 여러 사람의 반대를 무릅쓰고 한 나라의 왕자와 결혼을 하는 큰 결단을 한 여인. 그녀의 결혼식 날. 아르헨티나의 전통 악기인 반도네온(Bandoneon)으로 연주되는 '안녕 아빠'라는 탱고 음악이 그 여인의 아버지 자리를 대신했고 그 여인은 한없이 눈물을 흘렸다. 그녀는 지금의 '막시마 여왕'으로 네덜란드 사람이 아닌 아르헨티나 출신이며, 그녀의 아버지는 아르헨티나 군부독재 시절 장관을 했다는 이력 때문에 딸의 결혼식에 참석하지 못했었다.

함께 일하는 동료들에게 물어보면 농담 반 진담 반으로 왕보다는 막시마 여왕의 인기에 관해서만 이야기한다. 작년 네덜란드 왕과 왕비가 한국 경복궁을 방문한 바 있어서, 거래선 손님들을 데리고 경복궁을 방문하다 바로 이곳이 알렉산더 국왕이 왔던 곳이라고 이야기하면 네덜란드 사람들은 이구동성으로 "아, 그러니까 막시마 여왕이 왔었다는 곳인 거죠?"라고 말하며 함께 웃는다.

다른 나라 사람을 왕의 아내로 맞이하는 것에 대한 관대함은 네덜란드 사람들의 성격을 볼 때 그리 이상한 일이 아니지만, 막시마 여왕의 이미지와 노력이 큰 몫을 한 것도 사실이다. 지금과 같은 인기는 그녀의 소탈함과 어떠한 일에도 열심인 진정성이 만들어낸 결과다. 외국인 신분으로 일반 사람들과 다름없이 이민 신청을 하고 시민화 시험을 치렀다. 결혼식 날 울었던 인간적인 모습은 지금도 네덜란드 TV에 소개될 정도다. 이러한 모습이 방송에 그대로 공개되면서 진실성이 전해졌고 이주민들에게 큰 본보기가 되었다. 행사 중 실수라도 하면 미안하다는 말을 스스럼없이 솔직하게 내뱉고, 세계평화와 환경 그리고 장애인들을 위한 행사에서 맹활약하며 네덜란드 사람들의 호감과 사랑을 한 몸에 받게 되었다.

그 결과, 의회는 막시마의 칭호를 왕비가 아닌 '여왕'으로 사용하는 법을 제정하기도 했다. 더 놀라운 건 이때가 바로 의회가 왕권을 약화시키는 정책을 제정한 그때와 맞물린다는 것이다. 왕과 왕비를 통해 외교 활동을 더욱 활발히 하고 전 세계에 네덜란드를 더욱더 알려달라는 기대의 또 다른 표현이기도 했을 것이다.

네덜란드 '왕의 날'하면 '오렌지 물결'이 자연스럽게 연상된다. 온 나라가 오렌지색 물결이 되는 때는 바로 이 왕의 날과 오렌지 군단인 축구팀이 'A매치'를 할 때다.

네덜란드에 부임하여 처음 맞이한 왕의 날에 대한 기억은 딱 두 가지로 요약된다. 온 나라가 클럽 파티장으로 변한 듯 들썩였던 기억. 그리고 온 거리가 벼룩시장으로 뒤덮였던 모습. 오렌지 물결은 기본이었다.

각 도시의 주요 광장에서는 DJ를 초청하여 무대를 설치한 후 맥주와 음악, 그리고 춤을 자유로이 즐기며 그 날을 만끽한다. 더불어, 각자 집에서 가져 나온 물품들을 싼 가격에 내다 파는 벼룩시장이 온 동네 길거리나 광장에서 열린다. 좋은 자리에는 사람들이 그 전날부터 나와 돗자리를 깔고 기다리

'왕의 날'엔 초콜릿 간식도 오렌지색이다. 광장 곳곳에 이동식 놀이기구인 케르미스가 들어오고 온 길 거리가 벼룩시장으로 가득찬다.

는 진풍경을 연출하기도 한다. 가족 단위로 나와 아이들에게 장사를 해보게 함으로써 경제적인 교육을 병행하고, 때로는 아이들이 바이올린을 켜거나 음악에 맞추어 춤을 추면서 집객을 하고 부모들은 이를 대견하게 바라본다.

도시마다 들썩이는 클럽 분위기와 벼룩시장을 즐기는 방법은 간단하다. 우선 무어라도 오렌지색을 몸에 걸치는 것부터 시작한다. 그것이 모자든, 양말이든, 스카프든 상관없다. 길거리에서는 오렌지색 정장을 풀세트로 입은 패셔니스타들을 쉽게 만날 수 있다. 강아지들도 오렌지색 옷과 액세서리를 입고 왕의 날을 즐기고 축하한다. 길거리 상점에서 파는 빵과 초콜릿, 케이크 등도 산뜻한 오렌지색으로 바뀌어 있다. 일어나는 오렌지 물결은 네덜란드 왕의 날의 백미다.

온 나라가 벼룩시장으로 변하는 이 축제를 가장 잘 즐길 수 있는 곳은 'Vondel Park(본델 파크)'다. 미국으로 치면 뉴욕 센트럴파크와 같은 곳으로, 네덜란드 암스테르담을 가로지르는 최대 크기의 공원이다. 여의도 공원 23만 제곱미터의 약 두 배 규모다. 꼭 왕의 날이 아니더라도 연간 천만 명이 방문하는 명소로 자리매김하고 있다(참고로 네덜란드 인구는 약 천칠백만으로 추산된다). 자전거를 타고 본델 파크를 가로지르면 누구든 어느새 암스테르담 시민이 된 듯한 느낌을 받을 수 있다.

본델 파크의 벼룩시장은 정말 다채롭다. 무어라도 들고나와 물건을 팔고 있는 사람들이나, 구경하고 1~2유로를 흥정하며 사는 사람 모두 웃음 한가득이다. 물건을 파는 사람들은 몇 달 전부터 무엇을 팔 것인가 고민을 했을 것이고, 또 목 좋은 곳을 자리 잡기 위해 하룻밤을 꼬박 새웠을 것이다. 파는 아이템은 정말 다양하다. 벼룩시장의 취지에 맞게 자신이 쓰던 물건을 가져나온 것은 기본이고, 즉석에서 오렌지 주스를 만들거나 그 옛날 축제 때 많이 보던 물풍선 던지기 등의 즐거움을 팔기도 한다.

자신이 소중하게 가지고 놀던 장난감을 늘어놓고 파는 아이들은, 돈이 생긴다는 즐거움보다 그것을 떠나보내는 아쉬움이 눈에 보이기도 한다. 평소 갖고 싶던 것을 10분의 1 가격으로 산 아이들의 기쁜 눈과는 대조적인 것이 흥미롭다.

네덜란드 왕의 날에 왜 유독 벼룩시장이 활발한지 그 유래가 분명하진 않지만, 국가에서는 왕의 날에 누구든, 어떠한 물건을 팔고 세금을 내지 않을 수 있도록 허용한다. ING 은행이 추산한 통계에 따르면 네덜란드 사람 5명 중 1명이 이 벼룩시장에서 판매하고 평균 100유로를 번다고 한다. 총 매출

액은 약 3억 유로에 달하고, 네덜란드 사람 절반 정도가 이 벼룩시장을 이용한다.

본델 파크를 1차 목적지로 추천하는 이유는 최대 규모의 벼룩시장 말고도, 왕의 날을 다양하게 즐길 수 있는 접근성 때문이다. 약 1km를 걸어가면 국립중앙 박물관(Rijksmuseum)과 반 고흐 미술관이 나온다. 국립중앙 박물관 앞에는 'Iamsterdam' 조형물이 있어 기념사진을 남기기 좋다.

국립중앙 박물관을 지나 담 광장으로 향하면 광장에 꽉 차게 들어선 케르미스를 만날 수 있다. 동네에 들어선 것이라 소박하게 느껴질지 모르겠지만

본델 파크부터 국립중앙 박물관을 지나 담 광장까지

국립 중앙 박물관 앞 'Iamsterdam' city letter

생각보다 규모가 크다. 특히 높이 돌아가는 관람차를 타면, 평지뿐인 네덜란드에서 높이 올라 도시의 정수리를 볼 수 있는 흔하지 않은 행운을 맛볼 수 있다. 담 광장은 암스테르담의 중심으로, 맞은편에는 홍등가와 운하가 즐비해서 보트 위에서 왕의 날을 즐기는 사람들을 더욱 즐겁게 구경할 수 있다. 중앙역으로 향하는 담락 거리의 중간중간은 들썩이는 음악으로 클럽의 분위기를 느낄 수 있다. 한 손에 맥주를 들고 길거리 한가운데에서 자기 멋대로 춤을 추는 사람들을 보며 진정한 축제가 무엇인지를 몸소 체험하게 된다.

네덜란드 왕의 날 제대로 즐기기

① 오렌지색을 무어라도 걸친다. 전신을 오렌지로 도배해도 좋다. 그게 정상이다.

② 본델 파크를 돌며 의외의 것들을 값싸게 득템한다.

③ 국립중앙 박물관 앞을 지나 담 광장으로 향한다. 'Iamsterdam' 조형물과 사진은 필수.

④ 담 광장의 이동식 테마파크를 즐긴다. 특히, 관람차를 타고 암스테르담 시내를 전망하는 것은 색다른 경험이니, 강력하게 추천한다.

⑤ 중앙역과 홍등가 주변의 운하에서 음악에 맞추어 춤을 춘다. 모든 것을 내려놓고 그 축제를 즐긴다.

네덜란드는 왜 '오렌지' 군단인가?

네덜란드 하면 떠오르는 단어는 바로 풍차와 튤립, 그리고 바로 히딩크가 있다. 다시 히딩크와 맞물려보면 네덜란드는 축구 잘하는 유럽 중에서도 강국으로 꼽힌다.

그리고 또다시 떠오르는 친숙한 단어. 네덜란드 '오렌지' 군단.

하지만 네덜란드는 오렌지로 유명하지 않다. 오렌지를 가장 많이 생산하는 나라는 브라질로 그 생산량이 연간 6,000톤에 달하고, 우리가 잘 아는 미국 캘리포니아가 그 뒤를 잇는다. 네덜란드는 오렌지를 재배하기에는 적합한 기후의 곳이 아니다. 그러니, 네덜란드 사람들이 오렌지를 많이 생산하거나 까먹는 걸 좋아해서 오렌지 군단으로 불린다는 것이 아니라는 것은 확실하다. 그런데 생각해보니, 만약 한 외국인이 "한국은 왜 붉은 악마야? 왜 붉은색을 그리 좋아해?"라고 물으면 뭐라고 대답해야 할까?

검색을 해보면, 전 세계적으로 붉은색 유니폼이 상대방에게 강한 인상을 주고 승률도 좋다는 뜻에 따라 입게 되었다는 설과 1983년 멕시코 청소년 축구대회에서 4강에 오른 신화로 세계를 깜짝 놀라게 했을 때의 유니폼이 붉은색이었다는 데에서 비롯했다는 설이 나온다. 그 당시 세계 언론이 '붉은 악령'으로 놀라움을 표현하면서 오늘의 '붉은 악마'의 초석이 되었다는 이야기도 있다.

네덜란드도 이와 같다면, 승률을 위해 또는 상대방의 기를 누르기 위해 오렌지색을 입는 걸까?

그렇다고 하기에는 승률에 대한 아무 근거도 없고, 또한 오렌지색에 압도당할 상대 팀이 있어 보이진 않는다. 더불어 우리 예상과는 다르게, 일상 속에서 오렌지색을 생각보다는 그리 많이 볼 수가 없다. 곳곳에 살짝살짝 보이는 오렌지색 힌트가 분명히 이 나라의 대표 색이라는 걸 뜨문뜨문 상기시키는 정도다.

Amstelveen 시청 앞 분수. 오렌지색 물줄기가 항상 나오는 것은 아니다.

하지만, 국가 간 축구 경기가 있거나 '왕의 날'이 되면 이야기는 다르다. 곳곳에 살짝 보이던 오렌지색은 사람들의 온몸과 온 도시를 뒤덮고, 이제는 오렌지색이 아닌 것을 구분해야 하는 상황에까지 이른다. 바지, 치마, 옷, 머리카락, 자전거, 자동차, 얼굴, 음식까지 오렌지색이 온 나라를 장악한다.

자, 네덜란드 사람들이 오렌지 맛에 집착하는 것이 아니라는 것은 설명이 되었고, 중요한 날에만 오렌지색이 온 나라를 뒤덮는다는 것은 또한 오렌지색 그 자체에 미쳐서가 아니라는 것을 말해준다. 즉, 뭔가를 기리거나 기념하기 위해 오렌지색을 즐긴다고 봐야 할 것이다.

그렇다면, 과연 오렌지색을 기념하고 즐기는 이유는 무엇일까?

이것을 설명하기 위해서는 먼저, 한 사나이에 대한 이야기를 꺼내야 한다.

그는 동생과 많은 친구를 잃은 데다 아들까지 빼앗겼다. 자신의 토지와 관직도 잃었으며, 재정적 곤란과 함께 아내마저 변덕스러운 행동으로 그를 괴롭히고 결국 이혼에까지 이른다. 1582년 3월, 에스파냐 출신의 한 사람이 현상금을 노리고 그를 총으로 쏜다.

그는 간신히 살아남는다. 그로부터 2년 후, 1584년 7월 그의 자택이 있는 델프트에서 그는 또다시 암살범에 의해 총을 맞고 눈을 감는다. 죽어가던 그의 마지막 유언은 다음과 같았다.

"신이여, 내 영혼을 가엾게 여기소서. 신이여, 이 불쌍한 이들을 가엾게 여기소서!"

마지막까지도 리더의 향기를 뿜으며, 누구를 원망하지 않고 오히려 사람들을 긍휼히 여긴 이 대단한 네덜란드 슈퍼 히어로의 이름은 바로 오라녜 공작 빌럼 1세였고, 이 모든 것이 에스파냐의 지배를 받을 당시의 네덜란드를 독립시키면서 그가 마주한 일들이었다.

16세기에는 네덜란드가 벨기에, 룩셈부르크와 프랑스 북부까지 포함한 나라였고 에스파냐(지금의 스페인)의 지배를 받던 시대였다. 에스파냐 펠리페 2세의 강력한 가톨릭 정책이 네덜란드 북부 칼뱅 신교자들의 탄압을 넘어 학살에까지 이르자 독립에 대한 갈망은 더 커져만 갔다. 더 이상 종

오라녜 공작 빌럼 1세 초상화

교의 자유가 아닌, 정치를 포함한 그 이상의 자유를 외치며 싸웠던 중심에 바로 빌럼 1세가 있었고 그의 가문 이름이 바로 Oranje-Nassau(오라녜 낫쏘)였던 것이다. 쉽게 짐작할 수 있듯이 Oranje(오라녜)는 영어로 Orange(오렌지)를 뜻한다.

길고 긴 전쟁 후인 1579년 북부 7개 주가 위트레흐트 동맹을 결성, 1581년 7월 마침내 독립이 선언되었다. 이후 에스파냐의 무적함대가 영국에게 격퇴되며 세력이 약해지고, 반대로 네덜란드는 해상 강국으로 거듭나게 된다.

네덜란드는 왕정으로 정치 형태를 바꾸었고 그 왕위를 오라녜 가문이 계속해서 왕위를 계승하고 있다. 네덜란드를 종교 탄압과 학살의 굴레에서 벗어나게 해 준 슈퍼히어로이자 독립투사인 빌럼 1세의 가문이 그 왕위를 계승하는 것에 대해서는 어느 누구도 반대할 여지가 없었다. 반대하기보다는 오히려 그 가문의 이름이 네덜란드 사람 모두를 오렌지색에 열광하게 만들었다. 이렇게 네덜란드는 '오렌지' 군단으로 불리게 된 것이다.

P.S

빌럼의 시신은 델프트 신교회에 매장되었다. 이전까지 낫쏘 가문의 묘는 브레다에 있었으나 당시 브레다가 스페인에 점령되어 있었으므로 자택이 있던 델프트에 매장된 것이다. 이후 오라녀 낫쏘 왕가의 왕족은 델프트 신교회에 묻히게 되었다.

제라르의 암살 배후에는 예수회가 있었다. 예수회의 역사적 암살사건을 기록한 에릭 펠프스의 〈바티칸 암살단〉에는 빌럼의 암살 배후에 예수회가 있었다고 밝히고 있다. 이 책은 John Lothrop Motley의 〈The Rise of the Dutch Republic〉을 인용해 다음과 같이 밝히고 있다.

"분명하게, 예수회는 오렌지 공 윌리암(빌럼)을 너무도 증오했다. 그들은 당시 한 명의 로마 가톨릭교도로 양육 받고 있던 그의 장남을 유괴했고, 그 상심한 아버지는 결코 아들을 다시 보지 못했다. 윌리암을 암살하려는 몇 차례 시도 후에, 1584년 어느 슬픈 날 그들은 마침내 성공을 거뒀다. 그들의 도구는 발타자르 제라르(Balthazar Gerard)였고, 그는 다시 한번 예수회의 서약을 이행한 것이다.

네덜란드 공화국의 아버지를 피스톨로 3번 쏘고, 총알의 독이 혈관을 통해 퍼지는 동안, 윌리암은 마지막으로 말했다.'오, 나의 하나님, 이 불쌍한 백성들에게 긍휼을 베풀어 주소서.'"

4) Flower Parade (Bloemencorso),
Noordwijk (노르드바이크) to Haarlem (하를럼 4월)

꽃으로 만들어진 20개의 거대한 인형이나 조형물들이 저글러와 댄서, 그리고 다양한 퍼포먼스를 벌이는 사람들과 장장 25마일을 행진하는 행사다. 큐켄호프 근처에 위치한 Noordwijk(노르드바이크)를 떠나 Haarlem(하를럼)에 도착하는 코스로, 마지막 코스에 다다른 후 12시간 동안 축제가 벌어진다. 올해는 4월 21일부터 23일까지 이어졌다.

연도별로 해당 사이트에는 이 퍼레이드가 지나가는 길목을 알려준다. 개인적으로는 곳곳의 길목에서 퍼레이드를 기다리기보다는 이 퍼레이드가 최종 도착하는 하를럼에서 관람하는 것을 추천한다. 퍼레이드를 보기 위해서는 차량 혼잡이나 인파의 복잡함을 이겨내야 하는데, 이게 만만치가 않다. 하를럼에 도착하는 날(토요일)이나 다음날에는 퍼레이드를 했던 조형물들이 전시 모드로 탈바꿈되니 천천히 둘러보거나 사진 찍기에도 좋다.

더불어 이즈음 되어 들어오는 Harlem Kermis(하를럼 케르미스)도 즐겨볼 만하다. 담 광장에 들어선 그것과는 또 매력을 내뿜는다. 중세 시대의 건물들과 약간은 경거망동해 보이는 이질적인 두 존재가 어우러져 묘한 시너지를 낸다. 관람차를 타고 하를럼의 정수리를 보는 것도 꽤 운치 있다.

꽃 퍼레이드 관람 및 케르미스(참고 사이트 : www.bloemencorso-bollenstreek.nl)

5) National Museum Week (4월 3일 ~ 9일)

네덜란드는 박물관 천국이다. 박물관 카드 한 장이면 어느 박물관이라도 입장이 가능하다. 한 가지 아쉬운 건 거의 모든 박물관이 오후 5시면 문을 닫는다는 것이다. 오후 4시가 넘어가면 일부 입장을 제한하는 박물관도 많다. 이러한 아쉬움을 달래려는 듯, 봄에 맞이하는 National Museum Week 은 꽤 달콤하다. 좀 더 업그레이드된 천국이라고 할까. 전국 450여 개의 박물관이 이 행사에 참석하고 셀 수 없는 행사들이 줄을 잇는다. 이 기간에는 입장료가 무료이거나 큰 할인을 받을 수 있다는 것. 무엇보다, 일부 박물관은 밤 11시가 넘게까지 연다.

이러한 행사가 있는지 모르고 우연히 방문했던 암스테르담 국립중앙 박물관이 생각난다. 한밤중인데도 북적이는 사람들과 여기저기서 부드럽게 울려 퍼지는 재즈와 클래식의 선율이 모든 것을 낭만적으로 바꾸어 놓았다. 그 누구라도 옆에 있었다면 달콤한 키스를 할 뻔할 정도로. 낮에 사람들로 북적이는 것과, 한밤에 그렇게 북적이는 것이 매우 달라 새로웠던 그 날이 바로 National Museum Week였던 것이다. 혹시라도 이 기간에 방문을 한다면 한 밤 10시가 넘은 시각, 꼭 국립중앙 박물관 'Iamsterdam' letter가 있는 맞은편 벤치에 앉아 있어보길 권유한다. 그렇다면 필자가 이야기하는 것이 무엇인지를 알게 될 것이다. 아, 물론 사랑하는 사람이 옆에 있다면 그곳은 박물관의 천국이 아닌, 진짜 천국이 될 것이다.

2. 봄에 즐길 거리들(도시 및 구경거리, 먹을 거리)

1) 봄에 방문하면 좋은 도시

- Maastricht(마스트리흐트)

1991년 12월 11일. 유럽 공동체(EC)가 유럽 연합(EU)으로 태어난 때다. 유럽 공동체 12개국 정상회담에서 타결 합의한 이 유럽 조약은 마스트리흐트에서 진행되었고, 조약의 이름도 그 지명을 따랐다. 아마 곱씹어보면 이름이 세계사 교과서의 어느 한구석에 있었던 것이 어렴풋하게 기억날 것이고, 그 조약이 이 조약이었구나 하고 무릎을 탁 치는 사람도 있을 것이다. 1993년 11월 1일부터 정식으로 효력을 발휘하였지만 마스트리흐트 조약이 체결된

그 날은 유럽은 물론 전 세계 사람들에게 기억될만한 하나의 사건이었다.

마스트리흐트는 네덜란드에서 가장 오래된 도시다. 네덜란드 남동부에 있으며 왼쪽으로는 벨기에 국경과 맞닿아있다. 뫼즈 강(江)(네덜란드어로 '마스 강')이 도시를 가로 지르고, 그 이름 또한 '뫼즈 강의 나루터'란 뜻을 가지고 있다. 가장 오래된 도시답게 11~12세기 설립된 교회 등 중세의 건축물이 많다. 강이 도시를 가르고 있어 16세기 전쟁과 싸움이 잦았을 당시 요새로서 그 역할을 다했다. 왼쪽으로는 벨기에에, 동쪽으로 뻗어가면 독일과 접경

해 있어 조용할 날이 없던 곳이다. 특히, 1597년 에스파냐 점령 때 전개된 4 개월간의 공방전으로 유명하다. 네덜란드에서 가장 오래된 성 세르바티우스 대성당과 렘브란트의 대작 '야경(Night Watcher)' 등을 숨겨놓았던 성 피테르스뵈르흐산의 동굴 등 유명한 장소와 유적이 많다.

이렇게 역사가 있고 유명한 곳이니 4계절 어느 때에 가보더라도 좋다. 하지만 봄에 이곳의 방문을 추천하는 이유는 바로 '카니발'이 가장 크게 열리는 곳이기 때문이다. 다른 남부 지역의 도시도 가볼만하지만 처음 카니발에 참석한다면 마스트리흐트가 규모나 다양성 면에서 의미가 있다.

뫼즈 강을 따라 걷다 시내로 접어들면, 마스트리흐트의 중심부인 '마르크트 광장' 으로 가는 길이 이어진다. 바닥에 펼쳐진 무지개는 그 도시 횡단보도의 또 다른 모습. 별것 아닌 것 같지만 도시의 색채를 더욱 풍성하게 한다. 광장 한가운데로 가면 사방이 멋진 건물로 둘러싸여 있다. 시청 건물도 그 역사와 세월을 말해주고 도시의 멋을 추켜세우는 역할에 충실하다. 바로 여기에서 카니발 퍼레이드가 이어진다. 웅장한 거대 구조물부터 가족 단위로 준비한 아기자기한 소품들의 향연이 펼쳐진다. 앞서

광장으로 가는 쪽에 있는 무지개 횡단 보도. 별것 아니지만 이 도시의 색채를 더욱더 풍성하게 한다.

이야기했듯이, 퍼레이드를 하는 사람들은 물론 구경하는 사람들 모두 우스꽝스러운 의상을 입고 있다. 서로가 서로에게 손뼉을 치고, 얼굴을 보며 웃고, 시끌벅적한 음악대가 흥겹게 퍼레이드를 이끌어간다.

퍼레이드가 지나간 뒤의 도시 구석구석을 보는 재미도 쏠쏠하다. 광장 근처 조그만 분수대 옆에는 예술의 분위기가 한껏 묻어나는 조형물들이 행인들과 호흡을 같이 한다. 즐비해 있는 노천카페와 상점들은 봄의 분위기를 좀 더 부추긴다.

딱히 방향을 정하지 않더라도 지나가다 보면 우뚝 솟은 성당을 맞이하게 된다. 독특하게 붉은 계열의 쇠문이 보이는데 바로 이곳이 1294년 네덜란드 마스트리흐트에 가장 먼저 세워진 고딕 건물이자 대성당이다. 놀랍고도 흥미로운 것은 이곳이 BBC가 선정한 세계에서 가장 아름다운 서점 1위를 차지한 곳이라는 것. 이름은 '부컨들 도미니카넨'(Boekhandel

Dominicanen) 이다. 1794년 나폴레옹의 프랑스 혁명군 침공 때문에 도미니크파가 퇴출당하면서 성당은 문을 닫고, 이 아름다운 건물은 안타깝게도 근 2백 년간 창고의 용도로 쓰였다. 2005년에 이르러서 이 안타까운 스토리는 변모하게 된다. '역사적 유산이기 때문에 천장의 벽화 등 손상된 부분을 복구할 것', '기존 교회 그대로의 상태를 유지할 것', '철수 시 원상으로 복귀할 것'이라는 세 가지 조건을 걸고 마스트리히트 시는 용도변경을 허한다. 시공사는 이 조건을 수용하고 성당의 특성상 좁은 면적과 높은 지붕을 활용해 '워크인 철제서가'(Walk-in bookcase)를 기획하여 그 개성을 한 단계 끌어 올렸다.

우러러만 보던 성당의 지붕과 조금 가까워졌을 뿐인데, 그 느낌이 꽤 낯설고 새롭다. 서점과 교회의 융합을 완벽히 살려냈다는 극찬이 괜히 나온 것이 아님을 직접 걸어보면 느낄 수 있다. 걷다가 여유가 필요하면, 교회의 성가대석으로 향하면 된다. 거기엔 카페가 자리 잡고 있고 위를 올려다보면 14세기에 그려진 프레스코 천장화가 사람들을 맞이한다. 교회의 경건함과 서점의 고요함 가운데 들려오는 커피콩 볶는 소리와, 말없이 지나다니는 사람들의 분주한 발소리가 왠지 마음을 평화롭게 한다. 아직은 쌀쌀한 날씨, 우스꽝스러운 옷을 입고 카니발의 퍼레이드를 즐긴 후, 서점으로 변신한 성스럽고 아름다운 곳에서 14세기 천장화와 커피 한 잔의 여유를 아는 품격 있는 남자나 여자가 되어보는 건 어떨까. 저녁엔 곳곳의 Pub에서 열리는 맥주파티가 기다리고 있으니.

[마스트리흐트 카니발 정보(http://www.vvvmaastricht.nl)]

가장 오래된 대성당을 서점으로 개조한 부칸들 도미니카넨

- Alkmaar(알크마르)

14세기의 오래된 건물들이 고스란히 상점과 카페가 된 곳. 그리고 그 건물 사이사이, 그러니까 골목 그 자체가 멋으로 남아 있는 도시. 나는 알크마르를 그렇게 추억한다. 더불어 처음으로 '왕의 날'을 즐겼던 곳이었기에 그 감동의 물결은 지금이라도 곱씹어 느낄 수가 있을 정도다.

운하라고 하기에는 그 크기가 예상외여서 강이라고 부를 수 있는, 도시를 가로지르는 물결에 눈이 부신다. 물론 햇살이 났을 때 말이다. 암스테르담이나 로테르담과 같이 잘 알려진 이름에는 못 미치지만, 난 단연코 이 글을 읽는 사람들이 알크마르의 단면에 대해서 알고 있다고 말할 수 있다. 많은 사람이 머릿속에 어깨에 무언가를 메고 노랗고, 동그랗고, 커다란 치즈를 운반하는 나란한 모습을 떠올릴 수 있기 때문이다. 좀 더 생각해보면 바닥에 쌓인 커다란 치즈들을 둘러싼 사람들이 흥정하는 모습까지. 좀 더 눈썰미가 있다면 두 남자가 쓴 둥그런 색색의 모자도 기억날 것이다.

알크마르 전통 시장 사진
(출처 : https://www.kaasmarkt.nl)

그렇다. 이름은 좀 생소하지만, 바로 이곳을 세계적으로 유명하게 만든 건 전통 방식 그대로 재현되고 있는 치즈 거래 시장, 그것의 본고장인 것이다. 이 치즈 시장은 4월 중순~9월 중순 금요일 오전 10시에 바흐광장(Waag-plein)에서 열린다. 17세기 당시 전통적 치즈 거래 과정을 그대로 볼 수 있다. 거래가 끝나면 여지없이 특유의 모자를 쓴 사람들이 둥그런 치즈를 차곡차곡 들것에 담아 운반하는 것도 구경하는 묘미다. 광장에서 보면 바로 보이는 치즈박물관은 14세기 예배당이었던 건물을 개조하여 만든 역사 깊은 곳이니 꼭 한 번 둘러보는 것이 좋다.

하지만, 알크마르 하면 떠오르는 장면은 내게 있어 치즈보다는 '왕의 날'의 풍경이다. 어쩌다 '왕의 날'에 암스테르담을 뒤로하고 당시에는 생소했던 이 마을을 찾았나 싶지만, 그것이 운명이라고 친다면 난 그 운명에 매우 감사할 따름이다. 곳곳을 잇고 있는 크고 작은 운하. 그리고 광장에서 펼쳐지는 축제. 도시 전체가 DJ의 연주 아래 들썩이는 클럽이었다. 남녀노소를 막론하고 한 손엔 맥주를, 그리고 표정은 신나게, 또 한 손은 허공을 자유자재로 찌르던 사람들의 즐거움을 설명하기란 글로는 부족함이 많다. 더불어 그 광장과 거리를 가득 메운 오렌지색의 향연은, 그 오래된 도시의 거리와 건물, 그리고 분위기에 묘하게 걸맞았다.

들썩이는 축제의 분위기를 한껏 품고 골목 여기저기를 다니면, 마치 중세시대의 그 옛날을 거니는 것만 같다. 운하와 접해 있는 사이사이의 골목 끝자락은 낭만적이다. 어느 석양의 한때에, 이 작은 골목에서 연인과 키스를 하면 교회의 종소리가 저 멀지 않은 광장에서 들려올 것이다.

아기자기한 상점도 풍성한 볼거리다. 기념품과 치즈, 골동품과 책, 그리고 옷가지 등. 없는 것 빼고 다 있을 것만 같은 오래된 만물상 느낌이다. 돌고 돌다 보면 암스테르담만큼은 아니지만 자그마한 홍등가도 만날 수 있다. 규모가 크진 않지만 암스테르담 보다는 좀 더 노골적이다. 관광지가 아닌 정말 목적을 가지고 온 사람들로 가득한 곳이기에 그렇다. 하지만 위험하진 않으니 그저 보통 길거리와 다름 없다 생각하고 지나가면 된다. 참고로 홍등가 근처 공용 주차장 부근에 위치한 감자튀김 집은 꼭 한 번 들렀으면 한다. 사람들이 줄을 서 있으니 쉽게 알아챌 수 있다. 네덜란드 감자가 맛있지만, 여기 이곳 알크마르의 감자는 더 맛있었던 것 같다. 새들에게 감자튀김을 던져주지 말라는 경고판도 괜히 있는 건 아닐 것이다. 새들도 인정한 맛이라 해두자.

알크마르 운하 전경

2) 봄에 맛보면 좋은 먹거리

살아가다 보면 대단한 것이 아니라도, 가슴 깊이 다가오는 무언가가 있다. 대단한 것이 아니라서, 이것에 대해 이야기를 할라치면 '허세'라는 말이 먼저 떠오를지도 모르겠다. 특히 네덜란드의 음식에 관해서 이야기하자면 더더욱 그렇다. 뭔가 유명한 한방이 없는 네덜란드의 음식이지만, 봄과 어울리는 먹거리가 있다는 건 그나마 다행이다. 물론, 네덜란드 사람들이 이 음식들을 계절에 맞추어 먹는다는 것은 아니다. 하지만 개인적으로 느끼기에 봄이랑 잘 어울리고, 또 봄에 만나 좋은 추억이 된 것들이라 이렇게 적어본다.

– Fresh Mint Tea

한 마디로 감동이다. 네덜란드가 나에게 준 선물이라고 해도 과언이 아닐 것이다. 뜨거운 물을 머금은 그 컵 속에, 자신의 온몸을 담가 신선함을 우려 낸다. 그것을 만들어내기 위해 온몸을 희생한, 여리한 초록색 민트 잎은 축 늘어지고 만다. 물속에 우려진 신선함의 맛이, 축 늘어진 민트 잎과 줄기를 더욱더 고결하게 한다. 그 향과 맛이 어찌나 좋은지, 미안함보다는 고마움이 앞설 정도다. 출장을 온 손님들, 특히 그 차를 처음 본 분들은 눈이 휘둥그레 진다. 티백에 담긴 민트티를 기대했던 사람들 중 혹자는 "이 화분을 먹어야 하나요?"라고 묻는다. 웃으면서 이야기하면 농담이라 여기겠지만, 사뭇 진지한 표정이 그 사람의 당황스러움의 정도를 이야기해준다. 물론 화분으로 착각할 정도로 민트 잎이 많이 나오는 경우는 드물다.

이 Fresh Mint Tea는 사시사철 즐길 수가 있다. 마트에서는 아예 화분으로 판다. 즉, 키우면서 먹을 수 있다. 그런데도 봄에 마시는 Fresh Mint Tea 는 그렇게 향이 좋을 수 없다. 어쩌면 혹독한 겨울이 지나면 올라오는 파릇한 잎새의 모습이 연상되어서 그런지도 모르겠다. 겨울이 지났지만 여전히 스산한 날씨, 그리고 기온은 영상 10도를 웃돌지만 습하고 차가운 바람이 온몸을 훑고 지나갈 때 나는 Fresh Mint Tea를 간절히 원한다. 그리고 앞에 마주한 그 한 잔의 차에서, 커다란 행복을 느낀다. 업무와 고된 일상의 스트레스를 날려 보내는 것이 아니라, 어루만져주는 느낌이다. 그래서 난 이것을, 네덜란드가 나에게 준 선물이라고 생각한다. 네덜란드의 어느 카페에라도 들어가 무엇을 마실 거냐고 물어본다면, 꼭 한 번쯤은 "Fresh Mint Tea" 라고 해보자. 특히, 그 날이 봄이라면 더없는 행복이 기다리고 있을 것이다.

네덜란드의 선물 'Fresh Mint Tea'. 컵에 담겨 나오는 것이 대부분이지만 간혹 포장된 형태도 만나볼 수 있다.

– Apple Bollen(Apple Ball)

이 녀석 또한 잘 알려지지 않은 명물이다. 이 녀석을 처음 만나 맛본 감동을 블로그에 적어 놓은 적이 있는데, 간드러지더라도 여기에 옮겨 적어 본다.

다른 운하 도시와는 다르게 운하 아래까지 이어지는 길목과 식당들.
그 모습이 암스테르담과 베네치아의 그 어디쯤 위치하면서, 남다른 개성을 뽐내는 Utrecht.

내가 너를 만난 건.
Utrecht의 어느 한 노천카페.

햇살 좋은 하늘 아래 영어와 더치어가 섞인 메뉴판을 몇 번이고 접었다 폈다 반복할 그즈음.
옆 테이블에 보이는 노란 황금색 겉옷의 너를 보고는 무작정 따라 시켰더랬지.

노릇노릇 구워진 너를 마주했을 때, 그 안에 사과가 통째로 들어 있으리라곤 생각하지 못했고 사과 안쪽의 시나몬 시럽은 예상하지 못한 또 하나의 선물이었어.

뭣도 모르고 따라 시켰는데 이런 만족감이라니.
세상은 아직도 살만하다는 작은 행복감을 줄 정도여서, 그 날의 Utrecht 돔 타워와 아래쪽 평화로운 커널의 장면이 너를 마주할 때면 떠오르곤 해.

오글거리고 허세 가득하게 너를 이렇게 표현하는 것은.
누구라도 맛보게 되면 이렇게 될 것이라는, 그만큼 맛이 좋다는 것을 알려 주려고.
좋은 모양과 맛을 내기 위해, 200도가 넘는 오븐에서 인내한 너에게 주는 나의 작은 경의의 표현이랄까.

문득, 돌아보게 된다.

난 이렇게 무엇을 위해 인내한 적이 있는지, 그 인내를 통해 누군가를 그토록 행복하게

해 준 적이 있는지를.

고맙다.

너의 멋과 맛.

너를 통해 생각하게 된 사사로운 것들.

그리고 간직하게 된 기억과 추억.

지금 읽어도 오글거린다. 그리고 이
순간까지도 그냥 지워버리고 빼버릴
까 하다가도 그때 느낀 느낌이 오롯이
살아 있어 그대로 두기로 한다. Apple
Bollen이 어디에나 파는 것은 아니지
만, 혹시라도 만나게 된다면, 오글거리
도록 써 내려가 허세가 철철 넘쳐 보이
는 저 과도함의 표현이 심한 것은 아니
었구나……라고 생각할 것이다. 또는
그 과도한 표현이 과연 맞는구나……라
고 생각하거나.

이제 막 따뜻한 햇살이 뜨기 시작한
어느 봄날의 하루에, 아직은 쌀쌀한 바
람과 더불어 김이 모락모락한 Apple

첫 만남이 감동적이었던 '애플 볼렌'.

Bollen의 속내와 마주하게 된다면 반드시 그럴 것이다.

- 네덜란드 츄러스

츄러스의 원조는 스페인으로 알려져 있다. 특히 바로셀로나의 그것은 너무나 유명해서 그 상점에 가면 스페인 사람이 능숙한 한국어로 츄러스를 팔정도다. 그래서 맛본 바로셀로나의 츄러스는 물론 맛있었다. 하지만 그것은 네덜란드 츄러스를 맛보기 전의 기억이다.

네덜란드 사람들은 튀기는 것에 능숙하다. 감자튀김이 대표적이다. 같은 감자라도 네덜란드에서 먹는 감자는 우리가 생각하는 일반 감자와 차원이 다르다. 이처럼 츄러스 또한 기대를 초월한다.

처음 네덜란드 츄러스를 맛본 건 '왕의 날', 담 광장에 들어선 케르미스 안이었다. 다양한 간식이 즐비했던 먹거리 트럭 중 하나. 이제 막 기름에 담가져 고유의 색과 모양을 가다듬고 나온 츄러스의 모양새는 기대와 별반 다르지 않았다. 하지만 그 위에 미세한 설탕이 뿌려지고, 한 입 베어 물면 생각은 달라진다. 뜨겁고 바삭한 겉 맛, 인절미를 프라이 판에 지진 것과 같이 쫀득한 속내의 맛이 일품이다. 맛은 물론 허기를, 더 나아가 차가운 마음과 영혼을 달래줄 정도다. 추운 날 그 뜨거움을 즐기며 호~호~ 하고 먹는 것이 우리네의 겨울 호빵과 꽤 닮았다는 생각이 든다. 네덜란드 사람들은 건강식을 좋아하고, 운동을 좋아해서 이러한 기름진 음식을 좋아하지 않을 것으로 생각하지만, 추운 계절에는 기름에 튀긴 음식을 일부러 즐긴다. 나중에 소개할 네덜란드 전통 Oli Bollen(Oil Ball)도 주먹만 한 빵을 통째로 기름에 튀긴 매우 기름진 음식이다.

'왕의 날'의 즈음에 네덜란드를 방문했다면 케르미스로 가보자. 그리고 츄러스 트럭 앞에 서서 잠시 후면 벌어질 맛의 향연을 기대하며 있어 보자. 한 입 베어 물고 뜨거움에 고개를 하늘로 젖혀보자. 따뜻한 햇살과, 아직은 쌀쌀한 바람. 그것이 츄러스의 맛을 한층 더 깊게 할 것이다. 츄러스 하나로 행복할 수 있음을 깨닫게 될 것이다.

인절미와 같이 쫀득하고 고소한 네덜란드 츄러스

– 네덜란드 치즈

꼭 봄에 먹어야 하는 건 아니지만, 알크마르 치즈 시장 이야기가 나와서 이야기를 꺼낸다.

네덜란드 하면 떠오르는 풍차와 튤립 말고도 유명한 것은 더 있다. 그리고 가지각색이다. 치즈가 그렇다. 네덜란드는 연간 약 6억 5천 킬로그램(톤으로는 65만)의 치즈를 생산한다. 이 중, 3분의 2를 수출하는 세계 최대 치즈 수출국 중 하나다. 인구가 약 1천7백만 명인데, 그렇게 수출하고 남은 약 2억 킬로그램이 넘는 치즈를 먹어 치운다. 네덜란드 국민 1인당 소비하는 치즈는 17kg이다. 소비량으로 보면 그리스와 프랑스, 이탈리아의 뒤를 이어 세계에서 4번째다. 참고로, 한국 사람이 소비하는 연간 인당 김치 소비량은

28kg 수준이다. 농촌 경제 연구원에 따르면 2000년 전후까지는 36kg였으나 식습관 변화로 소비량이 줄고 있다고 한다(이렇게 보니 우리가 김치를 정말 많이 먹긴 많이 먹는다!).

네덜란드 말을 배우기가 어려운 건 순전히 'G' 발음 때문이다. 이 'G' 발음은 특유의 가래 끓는 소리와 함께 'ㅋ'과 'ㅎ'중간 발음 또는 두 개를 합친 발음이 난다. 그러니 'G'가 하나라도 들어간 단어가 있다면 듣기를 포기해야 한다. 오죽하면, 독일 사람들의 말을 네덜란드 친구들은 아주 조금 이해할 수 있다고 하지만, 독일인들은 네덜란드 사람들의 말을 전혀 못 알아듣는다고 한다.

'하우다(Gouda)' 치즈의 이름을 설명하려다 말이 길어졌는데, 굳이 따지면 'ㅋ하우다'라고 읽는 것이 맞다. 편의상 '하우다'라고 읽거나 영어 발음인 '고다'치즈로 불린다. 우리에겐 '고다' 치즈가 더 익숙하다. 하지만, 이 글을 읽고 난다면 '하우다'로 발음해보도록 하자. 네덜란드를 조금은 더 이해하게 된 것이니.

'하우다' 치즈는 2012년 세계 치즈 경연 대회에서 당당히 1위에 선정되었다. 크림이 풍부하여 부드럽고 과일 향이 나는 단맛이 바로 하우다치즈의 매력이다. 네덜란드는 'Edam(에담)' 치즈도 유명한데, 에담이나 하우다나 치즈를 생산하는 지역의 이름을 딴 것으로 치즈의 유형은 크게 차이가 없다. 굳이 구분을 짓자면 에담 치즈는 하우다 치즈보다 지방 함유량이 적어 좀 더 순한 느낌이고 짠맛을 가지고 있어 와인과 즐기기에 좋다. 만화영화에 많이 등장하는 '톰과 제리'의 '제리'가 맛나게 먹는 구멍 송송 뚫린 치즈를 흔히들 떠올리지만 이는 스위스의 에멘탈 치즈로, 네덜란드 치즈에는 이 'Cheese Hole'이 별로 없다.

'하우다' 치즈의 또 다른 매력은 그 모양에 있다. 운송하는 과정에서 외부의 습기 및 충격을 견딜 수 있게 왁스로 코팅을 하는데 코팅 색에 따라 숙성 정도를 구분하기도 한다. 모양이 커다란 바퀴 모양으로 둥글고 납작하다. 무게는 저마다 다를 수 있지만, 우리가 흔히 보는 크기는 약 11kg 정도 나간다.

노란색은 보통 18개월을 전후한 단기숙성을 나타내며 치즈 특유의 탄력이 남아있고 적당히 짭짤하며 고소한 맛이 나 와인이나 식사에 곁들이기 좋다. 동시에 입가심용으로도 손색이 없다. 검은색은 하드코어다. 장기 숙성을 표현한 짙은 원색은 그 맛을 짐작케 하는데, 코를 찌르는 강한 향이 나고 알갱이째 부스러질 정도로 푸석하다. 우리나라 사람들이 가장 부담 없이 선호하는 타입은 훈제 처리를 한 하우다치즈로, 햄이나 베이컨 같은 고기 향이 나고 껍질은 갈색의 그것을 그대로 먹는다. 우리나라에도 이미 많이 수입되어 손쉽게 구할 수 있다.

10kg가 넘는 큰 비퀴모양 치즈 가격을 확인할 수 있다.
(사이트 링크 : https://www.goudacheeseshop.com/whole-cheese-or-cheese-wheel.html)

자 그렇다면 네덜란드 치즈, 어떻게 즐겨야 할까?

우선 네덜란드에서 치즈를 사 한국으로 가져가는 것은 큰 문제가 없다. 다만 낙농 제품의 경우 제재를 당할 수 있는데, 실제로 한국 출장 시 큰 짐에 치즈 어느 정도를 넣었다가 가방에 멜로디가 나오는 노란 자물쇠가 채워져 나온 적이 있다. 내가 네덜란드에서 왔다는 것을 안 검역원이 "이거 치즈죠? 5kg까지는 괜찮아요."라며 바로 자물쇠를 풀어주었다.

네덜란드에서 치즈를 접하기는 어렵지 않다. 곳곳에 치즈 전문 상점이 있고, 풍차 마을에 가도 치즈 제조장과 함께 있는 치즈 숍이 있다. 여기는 마음껏 시식도 가능하다. 좀 더 저렴하게 구매하기 위해서는 네덜란드 마트를 둘러보는 것도 좋다. 이때 수많은 치즈를 보면 압도당하기 일쑤다. 무엇을 먹어야 할지, 어떤 종류의 것이 어떤 맛을 낼지 도통 모르겠기 때문이다.

위에서 언급한 대로 소시지 모양의 훈제 치즈는 어떤 걸 골라도 대부분 우리네 입맛에 맞다. 하지만 숙성 정도에 확연히 다른 치즈들을 무턱대고 고르기란 마음의 준비가 필요한데, 괜한 마음고생보다는 간단한 몇 가지를 알고 가는 것이 훨씬 낫다.

첫째, 세 단어를 숙지한다.

'Jong', 'Belegen', 'Oud'가 그것이다. 아래 표에서 볼 수 있듯이(왼쪽은 더치, 오른쪽은 영어/ Kaas가 더치어로 '치즈'다.) 숙성의 단계를 말한다. 'Jong'은 영어의 'Young', 'Oud'는 영어의 'Old'를 말한다. 어릴수록 연하고 부드럽고 생 치즈의 맛에 가까운 반면 나이가 들수록 그 반대의 성향과 함께 꼬릿꼬릿함의 정도가 올라간다. 각자의 취향에 맞게 선택하거나, 모르겠다면 'Jong', 'Belegen', 'Oud'를 하나씩 구매해 직접 맛을 보는 것도 방법이다.

물론, 시식이 가능한 곳도 많으니 직접 먹어보고 살 수도 있다.

Benaming	Rijpingstijd
Jonge kaas	4 weken
Jong belegen	8-10 weken
Belegen	16-18 weken
Extra belegen	7-8 maanden
Oude kaas	10-12 maanden
Overjarige kaas	12 maanden of meer

Name	Maturation time
Young cheese	4 weeks
Semi-mature	8-10 weeks
Matured	16-18 weeks
Extra matured	7-8 months
Old cheese	10-12 months
Aged cheese	12 months or more

왼쪽은 네덜란드어, 오른쪽은 영어로 비교하며 볼 수 있다.

둘째, 숫자와 친해진다.

치즈에 +표시와 함께 적혀 있는 숫자는 지방 함량을 말한다. 하지만 그 숫자가 지방 함량을 그대로 표현하진 않는다. 보통 치즈는 아래 표와 같이 수분 약 40%, 고체 내용물이 약 60% 전후로 이루어졌는데 표지에 쓰여 있는 지방 함유량 숫자는 고체 내용물 안에 있는 그것을 말한다. 즉, 아래 표에서 맨 왼쪽이 포장지에 쓰여 있는 숫자이고, 실제 지방 함유량은 맨 오른쪽 숫자다.

Cheese Species	Water%	Dry matter%	Fat%
60 + Creem Cheese	40%	60%	36%
48 + Full fat	42%	58%	28%
45 + Less fat	43%	57%	26%
40 + Less fat	44%	56%	23%
Low-fat 35 +	46%	54%	19%
30 + Low-fat	47%	53%	16%
20 + Skinny	47%	53%	11%

(출처 : Foundation for Professional Training Dairy and Dairy Retail, The Hague)

네덜란드는 날씨가 좋지 않기로 유명하다. 조금이라도 비가 오는 것을 고려한 강수일수가 연간 300일에 달하니 땅은 언제나 촉촉하게 젖어있다. 한겨울에도 영하로 내려가는 일이 드물어 소가 먹을 푸르른 잔디가 만연하다. 비옥한 토양과 푸르른 목초지가 바로 질 좋은 우유와 치즈를 만드는 젖소들을 행복하게 한다. 네덜란드 치즈의 역사는 기원전 200년까지 거슬러 올라가고, 중세 시대에는 대량생산을 하고 교역이 활발해지며 지금의 낙농 강국의 면모를 다지기 시작했다.

풍차와 튤립이 자기 것이 아니었지만 누구의 것보다 더 네덜란드다운 것으로 만든 사람들에게 있어, 어쩌면 치즈는 네덜란드의 자존심과도 같다. 그저 그렇게 자신만의 생활 방식에 따라 살아왔을 뿐인데, 이것이 세계로 뻗어나가고 자신만의 색깔이 될 수 있다는 것은 크나큰 축복이자 행복이다. 네덜란드 사람들은 이 사실을 잘 안다. 그래서 작은 나라지만 치즈를 세계에서 두 번째로 많이 수출하고, 네 번째로 많이 먹는다. 치즈의 색과 그 무게가 그저 가볍게 여겨지지 않는 이유다. 자, 이제는 치즈 상점이나 마트에 들어가 당당하게 내게 맞는 치즈를 골라보면 어떨까?

하우다에 도착하면, 입구에서부터 동그란 간판의 'Gouda'가 사람들을 맞이한다.

다양한 색상의 치즈들. 색상에 따라 맛과 향이 다르다.

네덜란드 여름 즐기기
"네덜란드 황금기를 닮은 찬란함, 여름"

네덜란드의 황금기는 16~17세기였다. 이 작은 나라의 융성과 성장의 팽창은 네덜란드 사람들 스스로도 그것을 감당하지 못할 정도였다. 마치 작은 핵탄두가 세상을 접수해버릴 만큼의 힘을 가진 것처럼, 찬란하고 찬란했던 그 시절의 네덜란드는 작지만 강력한 국가였다. 네덜란드에서 세계지도가 최초로 만들어진 것은 우연이 아니다. 척박한 땅을 개척한 독한 사람들은 그 에너지를 주체 못 하고 시선을 밖으로 돌렸다. 그리고는 해상 무역을 장악하게 되었다. 이 당시 네덜란드는 세계에서 가장 많은 배를 보유한 나라였다. 향신료와 커피, 동서양을 막론한 갖가지 문화가 섞이는 중심에 네덜란드가 있었다.

이러한 네덜란드의 황금기는 눈이 부셔 똑바로 보지 못할 정도였다. 네덜란드 여름의 태양이 꼭 그렇다. 강렬한 햇살이 네덜란드의 모든 것을 선명하게 만든다. 천국이라는 단어가 자연스레 떠오를 정도다. 그 햇살 아래 있는 것들이 모두 찬란하고, 명화 같다. 저기 저 멀리 평야를 지나가는 자전거와 운하의 흐름은 반 고흐와 렘브란트가 신이 되어 사람들을 위해 이제 막 그려 놓은 것이 틀림없다는 느낌이 들 정도로.

서머타임으로 인해 사람들은 이 천국을 다른 계절보다 1시간을 좀 더 일찍 시작하여 오래 누린다. 햇살이 소중한 것도 있지만, 어쩐지 네덜란드의 황금기를 향수(鄕愁)하는 것만 같다. 그래서, 이 찬란한여름엔 집에 가만히 있지 못한다. 집안에만 있으면 죄책감이 들 정도다. 밖으로 뛰쳐나가 무어라도 보고 즐기라는 내면의 목소리가 들린다. 이에 보답하듯, 네덜란드 또한 많은 축제와 볼거리를 제공한다.

날씨 또한 우리나라와는 달리 건조해서 밖으로 다니기 좋다. 평균 15도 안팎의 기온으로 쾌적하고, 30도를 웃도는 날이 몇 날 있지만 참을만하다. 그늘로 한 걸음 피하기만 해도 또다시 시원함이 몰려온다. 일교차가 커서 하루에 20도 넘게 기온 차가 나는 경우가 있으니, 여름에도 겉옷은 항상 가지고 다니는 것이 좋다.

비록 네덜란드가 한때 세상에서 가장 잘 살았던 그 시절을 직접 경험할 수는 없지만, 네덜란드의 황금기는 역사에 기록되어 있다. 국립중앙 박물관을 가 봐도 그들의 왕성했던 해상무역의 성과와 식민지에서 가져온 전리품들로 가득하다. 하지만, 진정 그 찬란함을 온몸으로 체험하고 즐기기에는 네덜란드의 여름만 한 것이 없다. 그 햇살을 경험해봐야 한다. 물론, 너무나 강렬해서 선글라스가 필요하고 얼굴에 잡티가 생기는 것은 각오해야 한다. 그런 각오는 찬란함을 통해 치유되고 평생 잊지 못할 추억을 가지게 되는 것에 비하면 아무것도 아닐 것이다.

1. 네덜란드 여름 축제 즐기기

1) 네덜란드 게이퍼레이드 (7월 말 ~ 8월 초)

1997년이었다. 나는 대학생이었고, 가을이었다. 여느 때와 다름없이 난 가장 친한 내 친구 녀석과 라면을 끓여 먹고 TV를 보고 있었다. 초등학교 3학년 때부터 줄곧 나의 가장 친한 친구라는 꼬리표를 달고, 내게도 녀석과 같은 꼬리표가 있던 말 그대로 베프였던 녀석. 그런 녀석이 갑자기 눈물을 흘리며 고백을 했다. 자기 너무 힘들다고. 정체성에 혼란이 왔고 아무래도 남자를 좋아하는 것 같다고. 다행히 그 '남자'에 내가 포함되지 않아 우린 깊은 대화를 나눌 수 있었다. 홍석천 씨가 커밍아웃을 해서 대한민국을 들썩하게 만들기 딱 3년 전 일이었다. 그러니 친구 녀석의 고백을 들었을 때의 충격은 어마어마했다. 문화충격은 기본이었고, 가장 친한 친구의 고민을 몰랐다는 데에 대한 미안함과 그동안 솔직히 말하지 않은 녀석에 대한 아쉬움이

한데 뭉쳐졌기에. 3년 후, 홍석천 씨가 커밍아웃으로 대한민국을 들썩하게 만들었을 때, 그래서 난 들썩이지 않았다.

가장 친한 친구의 커밍아웃. 유명 연예인의 공개적인 커밍아웃이 있었던 그때로부터 얼마 되지 않아 네덜란드에서는 암스테르담 시장의 주례 하에 '합법적'인 동성 부부 4쌍이 탄생했다. 2001년 4월의 일이었고, 이날은 동성결혼이 세계 최초로 '합법화'된 날이었다. 이제 막 동성애가 담론화되고 사회적 이슈로 떠오를 그즈음에 네덜란드에서는 그들의 결혼식이 이루어진 것이다. 그것도 '합.법.적'으로. 심지어 그들은 아이들을 입양해 키울 수도 있었다. 처음엔 네덜란드 내에서의 입양이 가능했고, 2005년부터는 해외입양까지도 허락이 되었다. 2000년 9월 커밍아웃과 동시에 사회에서 매장되다시피 한 홍석천 씨는 이 결혼식을 분명히 알고 있었을 것이다. 기분이 어땠을까?

8월의 암스테르담은 참으로 활기차다. 갖가지 퍼레이드와 축제가 가득한 중심이기 때문이다. 그리고 8월의 하이라이트는 바로 "Gay Pride Parade"다. 어느 곳에서는 금기시하는 이 주제를 가지고 합법화는 물론 퍼레이드에 축제까지 즐긴다고 하니 과연 자유의 도시라는 명성에 걸맞다. 하지만 그렇다고 네덜란드도 처음부터 동성애에 대해 그리 관대했던 건 아니다. LGBT(Lesbian, Gay, Bisexual, Transgender)운동이 일어난 지 그리 오래되지 않았고, 또 어떤 역사의 시기에는 동성애로 사형까지 당하는 일이 발생하기도 했었다. 믿기 힘들겠지만.

18세기와 19세기를 아우르는 1730년부터 1811년까지는 네덜란드 동성애자들에게 있어 암흑의 시대였다. 동성애는(정확하게 표현하자면 항문성교를 했느냐, 안 했느냐에 따라) 풍기문란죄로 기소되고 처벌받았다. 특히

암스테르담 운하는 그들이 접수한다. 개인의 자유와 선택을 즐기는 사람들. 도시 곳곳은 클럽이 되어 들썩거린다. 그들의 즐거움이 느껴진다. "이건 모두를 위한 축제야"라고 말하는 듯이.

미성년과의 행위나 동성 성폭행은 엄히 다스려졌다. 흥미로운 것은 이성 간의 항문 성교나 동물과의 관계는 처벌 대상에서 제외되었다는 사실이다. 더불어 여자와 여자의 결혼은 사기죄로 철창신세를 져야만 했다. 1730년엔 Utrecht(위트레흐트) 법정에서 수백 명의 남자가 기소되었고, 이 중 약 300명에 달하는 남자들이 처형되었다.

1777년 익명의 잡지에서 동성애에 대한 담론이 시작되었다. 동성애 금지법에 대한 반기를 들었는데, 그 이유가 재미있다. 동성애는 죄가 아니다. 다만 '반사회적인 행위'로 교육을 통해 고칠 수 있는 현상이라 언급되었다. 더불어 사람들 사이에서는 소크라테스와 플라톤, 알키비아데스 간에 일어난 동성애를 탐구하고 호소하기 시작했다. 즉, 편견에 가려 있지 말고 그 시대 사람들도 남자 간의 진한 우정이 있었다는 것을, 또 정신적으로도 사랑할 수 있음을 인정해달라는 아우성이었다. 이러한 작은 움직임에 힘입어 기소되는 사람들은 늘어갔지만 그 형벌은 약해지기 시작했다. 마침내 1810년 Halland(홀란트) 주는 동성애 금지법을 폐지하게 된다.

20세기에 들어선 1911년, 동성애가 가능한 나이가 21세로 상향되었다. 이성애가 가능한 나이는 16세로 지정된 때였다. 그리고 이때 최초의 'Gay bar'가 문을 연다. 'The Empire'라는 이름으로 1930년까지 운영했다. 이곳에서는 최초의 'Gay magazine'이 탄생하기도 했다. 이름은 영어의 'We(우리)'를 뜻하는 'Wij(바이)'였다.

이렇게 활발해져만 갔던 동성애 흐름도 2차 세계대전을 피해가진 못했다. LGBT 운동을 했던 많은 기관이 나치에 의해 문을 닫아야 했기 때문이다. 독일은 동성애를 심하게 금지했다. 1945년에 이르러, 세계 많은 나라가 해방의 기쁨을 맛보았을 그때, '동성애' 운동 또한 해방을 맞이하고 부활하게 되었다. 그러나 그때까지도 정신학회와 신학자들은 동성애를 '소수의 사람이 가지고 있는 질병'으로 규정했다.

1971년에 이르러 네덜란드 정신학회는 동성애를 '질병'으로 규정하는 것을 멈추게 된다. 개인의 선택에 관한 문제라는 것을 인정하게 된 분수령이었다. 1983년 에이즈가 전 세계적으로 유행하게 되었을 때는 암스테르담 시의 적극적이고 발 빠른 교육과 대처로 감염률을 낮추기도 했다. 이러한 질서 아닌 질서 속에 동성애는 자리를 잡아가고, 마침내 1987년 세계 최초로 동성애를 기념하는 기념물까지 탄생하게 된다.

Homomonument는 세계 최초의 동성애자를 위한 기념물이다. 안네프랑크 하우스 근처에 위치해있고, 높은 곳에서 바라봤을 때 삼각형 모양이다. 사진은 각 꼭지점을 따로 찍은 것이다.

안네프랑크하우스 뒤편에 위치한 'Homomonument'.

1993년 네덜란드 국회는 '동성애자'들의 평등을 보장하는 법을 제정하여 공표하게 된다. 동성애로 인해 차별받지 않으며, 이성애자들과 다르지 않은 혜택을 보장하는 것을 골자로 한다. 1998년에는 결혼 전 단계인 '파트너십'을 허용하게 되었다. 이러한 자유화를 기념하기 위해, 마침내 그렇게 'Gay Pride Parade'가 탄생하게 된 것이다.

"Everyone's gay in Amsterdam!"

네덜란드 사람들의 유쾌함은 남다르다. 함께 일하다 보면 나도 모르게 그들의 흥에 함께 취하고 만다. 그래서 그들은 동성애 코드도 관광자원으로 활용한다. 과연 그들답다. 우리나라라면 상상도 못 할 일이다. 우리네에겐 금기시되고 숨기고 싶은 것을 그대로 내놓다 못해 자유의 코드로 활용하는 흥을 발휘한 것이다. 'Gay'란 단어의 사전적 의미가 '흥겨움', '유쾌함'임을 감안할 때 우리 눈앞에는 새까만 안경이

2009년 발행 및 시행된 네덜란드 관광부 캐치프레이즈. 그들의 유쾌함이 남다르다.

있다는 걸 깨닫게 된다. 암스테르담에서는 모두가 즐겁다는 이 말은, 이성애자든 동성애자든(심지어는 동물까지) 남녀노소 불문하고 즐길 수 있는 자유로운 도시라는 것을 여실 없이 말해주고 있는 것인데 말이다. 암스테르담 거리를 거닐다 보면 이 문구가 마음에 쏙 들어와 자리 잡는다. 그 날은, 암스테르담을 자유롭게 거니는 모든 이는 'Gay'한 사람이 될 수 있는 권리와 의무가 함께 있음을 몸소 느끼게 될 것이다.

이처럼 오랜 네덜란드 동성애에 대한 역사와 흐름의 이야기는 동성애가 맞다, 틀리다의 담론을 넘어 철저하게 개인의 행복과 선택권을 갈구한 산물이라는 생각이 든다. 비집고 나오는 개인의 욕구나 바람을 사회나 공동체의 잣대와 기준에 맞추어 가리기에 급급한 우리네와는 크게 다른 모습이다. 네덜란드의 그 모든 것을 찬양하는 것은 아니다. 우리도 우리네의 역사적 배경이 있고 집단적 정서가 있다는 것을 절대 부정해선 안 된다. 그래서 어쩌면

네덜란드보다 느린 것일 뿐. '선진국'은 말 그대로 먼저 간 나라다. 먼저 갔다고, 먼저 경험했거나 제도가 마련되었다고 다 맞는 것은 아니다. 우리는 선진국인 네덜란드나 다른 나라를 잘 관찰하여 우리에게 맞는 행복으로 가는 길을 찾아야 한다. 절대적이고 주관적인, 개인의 행복에 초점을 맞추고 집단 내에서 비교하고 비방하는 우리의 모습을 조금 반성해보면 그리 불가능한 일은 아닐 거란 생각이다.

이 퍼레이드와 축제는 단연코 암스테르담이 중심이다. '자유의 도시'라는 명성에 과연 걸맞다. 축제의 날에는 올드 타운에 즐비한 모든 운하가 그들로 접수된다. 홍등가가 자리한 이곳은 말 그대로 축제의 도가니가 된다. 동성애자든 아니든 모든 사람이 자유롭다. '자유'란 억압에서 해방된 상태를 말하는데, 동성애가 합법인 이곳에서는 그저 '자유롭게 즐기는' 것으로 변모한다.

담 광장과 중앙역을 잇는 담락 거리를 지나 올드타운 쪽으로 가보자. 올드타운으로 들어가는 골목골목에서 자유로이 춤을 추고 음악을 즐기는 사람들을 만나게 된다. 여장한 남자, 성기 모양의 액세서리를 달고 다니는 사람들이 영 어색하지가 않다. 운하 위에는 수많은 보트가 있고, 그 위에는 또다시 수많은 동성애자들이 함께한다. 그 행렬이 장관이다. 이날은 오렌지색이 아닌 핑크 빛과 무지개 물결로 한가득하다. 길거리에서 흘러나오는 음악에 몸을 맡기는 것은 기본. 어느 목 좋은 운하 다리 위에 걸터앉아 보자. 커널을 수놓은 100개 이상의 컬러풀하고 자유분방한 보트퍼레이드를 만나는 15만 명 중 한 사람이 될 것이다. 퍼레이드가 지루해질 그즈음, 100개가 넘는 게이/레즈비언바와 클럽을 방문해 보는 것도 좋을 수도. 이 경험은 각자의 판단에 맡기겠다.

20세기 전까지만 해도 동성애는 '죄'로 규정 되어 있었기 때문에, 그들은 몰래 만났어야 했다. 그래서 본델 파크는 그들의 비밀 연애 장소로 낙점이 되었다. 나무가 우거진 곳이 많았기 때문이다.

숲 속에서 만나는 사람들. 퀴어에는 여성 간 만남도 포함 되는데, 그림에서는 주로 남성들로 표현된다는 점이 흥미롭다.
"Vondel Park" Herman Gordijn(1997 작, 암스테르담 뮤지엄 소장)

한가운데 뛰어노는 아이들은 이 곳이 '공원'이라는 것을 주지시킨다.

네덜란드 Gay Pride 제대로 즐기기

① 공식 웹사이트(pride.amsterdam)에서 일정을 확인한다. 특히 커널 퍼레이드 일자 확인은 필수.

② 6km에 이르는 커널 퍼레이드의 길을 숙지하고 좋은 목을 골라보는 것도 재미다.

③ 핑크빛이나 무지개 색깔의 액세서리나 옷을 챙긴다.

④ 암스테르담 담 광장을 중심으로 대중교통까지 통제되기 때문에, 많이 걸어도 괜찮은 편한 신발을 준비한다.

⑤ 소매치기는 언제 어디서든 조심한다.

몇 가지 재미있는 정보들

① 2000년 동성 결혼을 위한 하원 투표에서 찬성 109표, 반대 33표로 법이 아래와 같이 개정되었다.
Een huwelijk kan worden aangegaan door twee personen van verschillend of van gelijk geslacht.(결혼은 이성의 혹은 '동성'의 두 사람에 의하여 이루어질 수 있다.)

② 네덜란드 통계청에 따르면 동성결혼이 허용된 첫 6개월간 전체 결혼 중 동성결혼이 차지하는 비중은 3.6%로, 2,100여 명의 남성과 1,700여 명의 여성이 결혼하였다. 2004년 6월까지 총 6,000여 건의 동성결혼이 신고되었다.

③ 2006년 3월 네덜란드 통계청이 발표한 자료에 의하면 2001년에 신고된 동성결혼은 2,500여 건, 2002년 1,800여 건, 2004년 1,200여 건, 2005년 1,100여 건이다.

④ 2001년부터 2011년까지 14,813쌍의 동성 커플이 결혼하였고, 이 중 7,522쌍은 여성 커플, 7,291쌍은 남성 커플이다.(작가 주 : 보통 동성애라고 하면 남자 커플이 주목을 받는데, 여성 커플의 수가 더 많아졌다.)같은 기간 동안 이성 결혼은 761,010건으로 집계되어, 전체 결혼 중 동성결혼의 비율은 1.95%이다. 또한 이들 중 7.28%인 1,078쌍의 동성부부가 이혼한 것으로 나타났다.

⑤ 2013년 5월 시행된 여론조사에 따르면 85%의 네덜란드 유권자가 동성 결혼과 동성 부부의 입양권에 찬성하고 있다고 나타났다. 반대로 15%의 반대자 중에는 동성애에 대해 혐오적인 시선을 가진 사람들이 있으며, 매년 70여 건의 동성애 혐오 폭행 사고가 일어난다.

2) 네덜란드 Sail Amsterdam (8월, 5년 주기)

네덜란드 사람들의 황금기에 대한 향수는 대단하다고 앞서 이야기했다. 그리고 그 황금기는 해상무역을 토대로 이루어졌다. 황금은 처음부터 황금이 아니다. 강가에서 황금을 채취하는 것을 상상해보자. 허리를 꾸부정히 하고 모래를 듬뿍 퍼내어 물에 잘 고르고 쳐내어, 마침내 황금을 발견한다. 그 황금보다 수천 수만 배의 물과 모래가 가셔야 보일 듯 말듯한 이것의 값어치는 그래서 높다. 네덜란드가 황금기를 맞이하는 방법도 이와 다르지 않았다. 처음 네덜란드의 세계를 향한 출항의 시작은 보기에는 야심 찼지만, 그 결과는 참혹했다. 물론 그 참혹했던 고생이 씨앗이 되어 네덜란드의 황금기를 선사한 단초가 되었지만 말이다.

그 배의 이름은 모리셔스 호였다. 249명의 선원을 나눠 태운 세 척의 배와 소형 범선 한 척을 거느린 거대한 배였다. 나머지 배들의 이름은 '암스테르담 호', '홀란디아 호', '다위프컨 호' 였다. 1595년이었고, 때는 4월의 어느 날이었다. 이 모든 배의 지휘관은 코르넬리스 데 하우트만(Cornelis de Houtman). 그 젊은 기백은 하늘을 찔렀다. 금의환향에 대한 강렬한 의지도 함께였다. 하지만 적도를 지나 열대 지역에 다다랐을 때, 그들은 아연실색할 수밖에 없었다. 고기와 간식은 물론, 물과 맥주까지 모든 것이 악취를 뿜어대기 시작한 것이다. 음식을 조리할 때 필수였던 버터는 녹아 흘러, 마치 아비규환의 미래를 생생히 보여주는 듯했다. 사람들이 죽어 나갔고, 괴혈병이 돌았다. 죽지 않은 사람들은 몇 명을 제외하고는 심각한 통증과 치아가 빠져나가고 머리가 빠지는 심각한 증상을 겪어야 했다. 1597년 8월 4일. 출항할 때 4척이던 배는 단 세척이 되어 돌아왔다. 249명이었던 사람들은 89명으로 줄어 있었다. 살아 돌아온 사람들도 정상적인 사람이 거의 없었다.

내가 개인적으로 네덜란드 사람들이 대단하다고 느끼는 대목이 바로 여기다. 아니, 어쩌 좀 무섭다는 생각까지 든다. 첫 동인도 원정이 남긴 결과는 처참했지만, 원정의 자금책이었던 아홉 명의 무역상들에겐 무한한 가능성만이 보였던 것이다. 앙상한 몰골로 돌아와, 그간의 갖은 풍파를 말하는 초라한 사람들 따위는 안중에도 없었다. 원정대가 어렵사리 가져온 소량의 후

추가, 그들의 투자액을 회수시키고도 남았기 때문이다.[1]

지금의 암스테르담 담 광장 근처. 그곳이 희망의 본거지가 되어 조선소가 들어서고 활기를 띠기 시작했다. 투자 금액은 더하고 더해졌다. 기회만 보인다면 이러한 광기는 자연스러운 것이 된다. 앞서 언급했던 튤립 파동도 이러한 맥락과 함께한다. 데 하우트만이 첫 번째 항해를 초라한 몰골로 돌아온 지 4년이 채 지나지 않았을 때, 이미 약 65척의 배가 아시아라고 생각되는 남서쪽을 향해 이미 출항을 마친 상태였다.

일찍이 봉건제를 거부했던 네덜란드는 사유재산의 개념을 확립하였고, 이러한 실리적인 정신을 바탕으로 '연합 동인도회사'를 탄생시키기에 이른다. 우리에게 잘 알려진 VOC로, Verenigde Oost-Indische Compagnie 페레니흐더 오스트인디스허 콤파흐니라 부른다. 우리나라 조선 시대에 처음으로 발을 들인 네덜란드 사람 박연과 하멜이 이 회사 소속이다. VOC가 출범된 네덜란드, 그것도 암스테르담이 이제 세계의 중심이 된 것은 자연스러운 일이었다. 세계 지도의 역사를 바꾼 일이라 해도 좋다. 동서양의 만남이 활성화되고, 각각의 문화가 교미했다. 현대 사회의 회사 시스템, 지도 제작술과 조선술을 역사 이래 가장 빠르게 발전시킨 시기이기도 하다. 이 과정에서 취득한 부와 식민지가 아직도 남아 네덜란드와 유럽이 '선진국'이란 타이틀을 쥐고 있는 것이다.

그러기에 "Sail Amsterdam"은 네덜란드 사람들에게 향수와 자부심을 고취해주는 중요한 행사다. 5년마다 열리는 이 축제의 규모는 상당하다. 암스테르담 중앙역 뒤편의 큰 호수는 거대한 범선들과 요트, 개인 배들로 북적

---

1 네덜란드 단어 중에 'Peperduur(페페르두어)'란 말이 있을 정도다. 'Peper'는 후추를, 'Duur'는 비싸다는 뜻인데 이 둘이 합쳐져 '정말 매우 너무 비싸다'라는 뜻을 표현한다.

인다. 거대하고 오래된 모양의 범선들이 오가면, 과연 암스테르담의 그 황금기가 연상되기도 한다. 해군도 참가하여 항공모함이나 잠수함이 동원되기도 한다. 범선은 세계 각지에서 직접 항해를 해와 이 축제에 참여한다.[2]

운이 좋게도 2015년 축제에 참석할 수가 있었다. 다음은 2020년 또 그다음은 2025년이 될 것이다. 2015년은 8월 19일부터 23일까지 축제가 이어졌고, 2천 3백만 명이 축제를 즐긴 것으로 추산된다. 이 축제는 1975년에 암스테르담 시 700주년을 기념하는 하나의 행사로 시도되었다가 반응이 좋아 매 5년마다 시행되어 왔다. 다양한 배들의 향연뿐 아니라, 중간중간 섬처럼 떠 있는 콘서트 배를 관람하거나 정박해 있는 범선을 구경하는 재미가 있다. 자동차 모양이나 그 외 개성 넘치는 보트들을 보는 것도 또 다른 흥밋거리다. 이때는 네덜란드에 등록된 개인 배를 가지고 암스테르담으로 모일 수가 있는데, 거대한 범선과 2~3명이 타는 보트가 아슬아슬하게 비껴가는 모습들이 다채롭다.

직접 배를 타기 위해서는 보트를 가진 네덜란드 친구를 만드는 것이 가장 좋겠지만, 그것이 여의치 않을 경우 공식 홈페이지(sail.nl)에서 정보를 얻고 예매한다. 6월부터 오픈되지만 탈 수 있는 배를 구하기란 쉽지 않을뿐더러 가격도 비싸 정신 건강엔 그리 좋지 않다. 꼭 타지 않아도 그 분위기를 한껏 느낄 수는 있으니 너무 배 타는 것에 집착하진 말자. 다행히, 행사 기간에도 암스테르담 역에서 북부 암스테르담으로 가는 페리는 정상 운영된다고 하니 이거라도 타보자. 페리는 언제나, 무려 무료다. 평소에도 공짜로 자주 운영되니 그냥 한 번 타보는 것도 좋다.

---

2 **2015년 기준 참여국** : 독일, 콜롬비아, 스페인, 프랑스, 잉글랜드, 노르웨이, 폴란드, 영국, 칠레, 스웨덴, 에콰도르, USA, 러시아, 체코, 벨기에, 포르투갈, 인도, 시에라리온, 호주

만약 운 좋게 배를 탈 수 있다면 정해진 코스를 한 바퀴 도는 것으로 마무리된다. 내 경우는 거래처 사장의 초대로 렌트한 배에 올라탈 수 있었고 케이터링이 준비되어 와인과 간단한 식사 정도를 할 수 있는 배였다. 한 바퀴 코스를 도는 데에는 약 1시간이 걸린다. 지나가는 큰 배와 작은 배에 있는 사람들과 인사하는 것도 또 하나의 재미다. 모두가 웃고, 모두가 즐겁다. 큰 물결을 만들어 내는 큰 배 옆으로 지나가는 아찔한 작은 배들도 그 웃음은 여전하다.

　그리고 늦은 저녁 해가 뉘엿뉘엿하면 군데군데서 들리는 재즈와 클래식, 팝 멜로디가 사방을 감싼다. 잠시 후면 있을 불꽃축제를 위한 전조처럼 들린다. 이어지는 불꽃놀이는 인산인해를 이루며 성대한 그 해의 축제를 마무리한다. 그리고 아쉽지만 다시 5년 후를 기약한다.

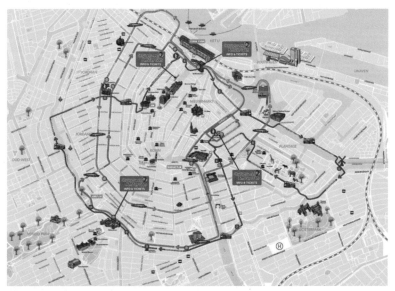

투어 코스 : 배의 항로뿐만 아니라 도보로 갈 수 있는 곳까지 자세히 안내되어 있다.

친한 동료가 배 안에서 지나가던 작은 보트 사람들에게 더치어로 뭔가를 연신 설명했다. 인사가 길어 보여 무슨 말을 한 건지, 아니면 아는 사람이냐고 물었더니 아니란다. 그 사람들에게 "혹시 화장실 필요하면 여기로 건너오라"는 농담을 던진 거였다. 그러고 보니, 작은 보트들은 화장실이 따로 없다. 그런데 기분에 취해 마시는 와인과 맥주의 양은 상당하니……그저 웃어 넘길 수만은 없는 농담 아닌 농담이 아니었을까 한다.

배 안에서 바라본 다른 배들. 배의 크기도 제각각이다. 작은 배에는 화장실이 없다는 점을 유념해야 한다.

갖가지 범선들이 여러 나라들로부터 모여든다.

자동차를 개조한 보트. 개성 넘치는 배들을 보는 것도 재미있다.

해가 기울면 돛대와 하늘이 만나 특유의 스카이라인을 만들어낸다.

케이터링이 준비된 배를 타고 축제를 즐기는 건 큰 즐거움이다.

네덜란드 'Sail Amsterdam' 제대로 즐기기

① 공식 웹사이트(sail.nl)에서 일정 및 배 예약을 확인한다. 혹시 작은 보트를 타게 된다면, 맥주나 와인 마시는 양을 조절해야 한다. 작은 보트엔 화장실이 없다.

② 배를 꼭 탈 필요는 없다. 정박해 있는 배에 올라 구경할 수도 있고, 배들의 퍼레이드를 볼 수 있는 목 좋은 곳들이 도처에 있다.

③ 무료로 운영되는 페리를 이용하면 그나마 기분을 낼 수 있다. 페리는 항상 무료로 운영된다.

④ 일교차가 크고 물 가까이 가면 추울 수 있으니 바람막이나 겉옷은 필수다.

⑤ 불꽃놀이는 해가 지고 밤 10시가 넘어 진행되니 아이들이 있다면 조금 힘들 수 있다.

3) Scheveningen 불꽃축제 (스헤브닝겐 8월)

'바다'라는 말 자체로 우리는 한껏 설렌다. "바다 보러 가자!"는 말은 곧 누군가의 가슴이 뻥 뚫려야 하는 순간이라는 걸 의미한다. 그래서 우리는 몇 시간이고 달려야 하는 거리를 달려 기어코 그 바다에 닿는다. 그곳에 닿으면 사람들은 날씨와 계절을 불문하고 바다로 달려간다. 물에 들어가고 안 들어가고의 선택은 각자의 몫이지만, 이미 모두의 마음은 그 바다에 포용된다. 드넓은 바다를 보며 소리치고, 바닷바람을 맞으며 근심과 걱정을 날려버리는 것은 세계 어디라도 같을 것이다.

바다가 있다는 것은 축복이다. 해산물의 향연과 탁 트인 바다에서의 시간을 만끽할 수 있기 때문이다. 물론 아이러니하게 바다 때문에 고생하기도 한다. 삼면이 바다인 우리나라는 그로 인해 많은 침략을 받았다. 네덜란드는 바다와 싸워야 했다. 바다는 사람을 포용하는 존재가 아니라 집어삼키는 존재였다. 바다를 막고, 목숨을 걸고 싸워 땅을 만들어낸 사람들. 그렇다고 바다를 미워하진 않는다.

네덜란드는 국토의 절반 이상이 바다와 맞닿아있다. 그래서 풍족하다. 해산물이 풍족하고, 바다를 맞닿은 곳의 카페들이 즐비해 분위기가 풍족하다. 다만, 위도가 높아 바다의 색깔이 탁하고 바람은 차다. 겨울 바다의 매서움은 다른 곳과 비교할 바 아니다. 여름엔 물론 좋다. 바람은 시원하고 햇살은 높은 곳에서 바다와 대지를 축복하듯 내리쬔다. 그렇다고 바다의 색깔이 에메랄드빛으로 빛나진 않는다.

만약 외국인이 '한국의 바다'를 가고 싶은데 어디를 가야 하냐고 묻는다면 많은 사람이 해운대를 떠올릴 것이다. 부산이라는 특유의 문화가 있는 곳. 젊음과 열정이 가득한 해수욕장. 그리고 회와 먹거리가 풍족하게 있는 곳이니 말이다. 마찬가지로, 우리나라 사람이 네덜란드 사람들에게 네덜란드의 바다 중 어디를 먼저 가야 하는지에 대한 질문을 한다면 마찬가지로 'Scheveningen(스헤브닝겐)'을 추천할 것이다. 이유는 재미있게도 위에 열거한 것들과 크게 다르지 않다.

스헤브닝겐은 네덜란드의 행정 수도인 헤이그에 위치해있다. (네덜란드의 경제 수도는 암스테르담이지만, 행정수도는 헤이그다. 왕도 헤이그에 머물고 있고, 국회도 헤이그에 위치해있다.)

헤이그의 8개 지역구 중 하나인 스헤브닝겐은 긴 모래 비치로 이루어져 있다. 그래서 별명이 'Long Sandy Beach'다. 드라이브를 위한 해안도로도 잘 닦여져 있고 부두와 등대로 바다의 분위기를 완성한다. 이곳은 실제 어업을 하기 위한 항구로도 쓰이지만 젊음과 열정이 가득한 해수욕장이나 윈드서핑, 카이트 보딩과 같은 해상 스포츠도 성행한다. 관광이나 돈벌이가 목적의 해상 스포츠가 아닌, 대부분 개인이나 클럽 인원들이 자유롭게 즐기는 경우다.

'스헤브닝겐'이란 이름은 발음이 쉬운 것은 아니다. 더불어 바다의 낭만이 느껴질만 한 그것이 아니어서 실제로 한 지역구 의원이 이를 'The Hague Beach(헤이그 비치)'로 바꾸자는 의견을 냈었다. 하지만 스헤브닝겐 지역 사람들이 이를 격렬히 반대했다. 헤이그에 속한 지역구이긴 했지만 자체 축구클럽을 가지고 있었을 정도로 그 지역과 이름에 자부심이 대단한 사람들이었다. 이에 재미있는 일화가 하나 있는데 2차 세계대전 당시 독일 스파이를 알아내기 위해 이 '스헤브닝겐'을 발음해보도록 시켰다고 한다. 'Sch'발음이 독일사람과 더치사람들의 그것과 달라 쉽게 구별할 수 있었다고.

1280년경에 앵글로색슨족과 스칸디나비아 인이 시초가 된 이 지역은 영국과 네덜란드가 전쟁 당시 해전을 벌인 곳으로도 유명하다. 초기에는 바다의 낭만 보다는 먹고 사는 것을 해결하기 위한 '어업'의 주된 무대였고, 배들이 정박하는 곳이었다. 1470년에 강한 태풍으로 마을이 심하게 망가진 후, 여러 차례의 또 다른 태풍(1570, 1775, 1825, 1860, 1881, 1894)을 맞이하고 말았다. 이에 해안을 정비하고 항구를 건설하여 이를 대비했다. 이 와중에 1818년 Jacob Pronk라는 사람은 모래 언덕에 목조 건물을 지어 일광욕을 즐기게 했고, 이것이 스헤브닝겐의 바다 리조트의 시초가 되었다. 1886년엔 첫 호텔 레스토랑인 'Kurhaus'가 영업을 시작했다.

네덜란드의 대표적인 바다답게, 이곳에서는 많은 행사가 열린다. 그래서 가장 큰 불꽃축제도 여기서 열린다. 한여름 밤의 바다. 그리고 웅장한 불꽃은 굳이 많은 설명을 하지 않아도 떠올려지는 감동의 순간이다. 'International Fireworks Festival Scheveningen'의 이름으로, 우리나라의 세계불꽃축제와 유사하다. 37번째 불꽃축제는 8월 12일과 13일, 그리고 19일과 20일에 열렸다.

　헤이그에서 서쪽으로 약 20분을 더 달리면 스헤브닝겐에 닿을 수 있다. 이른 시간에도 사람들은 북적인다. 좋은 자리를 잡기 위한 경쟁은 어디나 마찬가지다. 어떤 사람들은 편안한 이동식 소파를 가져와 몸을 파묻고 어두워질 때를 기다린다. 또 어떤 사람들은 모래로 그들만의 의자를 만들어 기대어 앉는다. 사람들은 여유롭다. 어둑해지는 초저녁엔 사람들의 기대가 가득해지고, 분위기는 무르익는다. 한여름에 어두워지는 시간은 상당히 늦지만 사람들은 인내한다. 일찍 잠자리에 들기로 유명한 네덜란드 아이들도 부모님의 품에 안겨 두 눈을 멀뚱하게 뜨고 늦은 축제에 동참한다. 마침내 불꽃이 터지면 사람들은 동요한다. 탄성과 기쁨이 하늘의 불꽃보다 더 크게 폭발한다. 세계 불꽃축제의 이름에 걸맞게, 시간에 맞추어 터지는 각 나라별 불꽃을 보는 것도 묘미다. 연속해서 터지는 불꽃과 조금은 서늘한 한여름의 바람에 넋을 잃다 보면 마지막 불꽃은 아쉬움을 전한다. 돌아가야 할 시간, 사람들은 질서정연하다. 시간은 자정을 조금 넘어 피곤할 법도 하지만, 각자의 차로 돌아가기 위해 바다를 등진 사람들의 마음속에는 아직도 불씨가 남아 한껏 들떠있는 듯 보인다. 그리고 그렇게 기억에 오래 남을만한 스헤브닝겐의 불꽃축제는 머리와 마음속에 자리 잡는다.

　앞서도 이야기했지만 스헤브닝겐은 네덜란드를 대표하는 바다여서 수많은 행사와 이벤트가 열린다. 한 해를 시작하는 Nieuwjaarsduik(New Year's dive)가 열리는 곳도 스헤브닝겐이다. 한 해를 마감하는 불꽃놀이도 여기에서 개최된다. 이렇게 스헤브닝겐은 한 해의 시작과 끝을, 가장 아름다운 계절을 즐기는 주 무대다.

스헤브닝겐 불꽃축제 제대로 즐기기

① 공식 웹사이트(http://vuurwerkfestivalscheveningen.com)에서 일정을 확인한다. 불꽃축제가 열리는 일자 말고도, 나라별 불꽃이 터지는 시간을 확인할 수 있다.

② 행사가 끝나면 자정이 훨씬 넘으니, 돌아오는 교통편은 미리 준비하고 참석해야 한다.
(해당 기간에 특별 대중 교통편을 운영한다. www.htm.nl에서 정보를 얻을 수 있다.)

③ 여름이라고 해도 일교차가 많게는 20도 이상도 날 수 있다. 바람막이와 보온 장비를 챙기는 건 필수다.

④ 스헤브닝겐 해변가에는 분위기 좋은 카페들이 즐비하다. 미리 가서 카페에 앉아 불꽃축제를 보는 것도 몇 번 안 되는 인생의 호사일 수 있다. 단, 정말 일찍 가서 긴 시간을 견뎌내야 한다.

⑤ 모래사장에 자리를 잡기 위해 가능하다면 푹신한 의자를 마련하는 것도 좋다.

⑥ 더불어 스헤브닝겐에서는 많은 이벤트가 있으니 꼭 불꽃축제가 아니라도 방문하면 좋다. 자세한 이벤트 일정은 역시 웹사이트에 친절히 안내가 되어 있다.(http://scheveningen.com)

4) 그 밖의 여름 축제들

- The Hague Festival (5~6월)

'헤이그 특사'로 유명한 헤이그는 네덜란드의 대도시다. 수도인 암스테르 담이 더 유명하지만, 실제로 왕이 사는 '행정 수도'는 헤이그다. 그래서 헤이 그는 갖가지 행사와 이벤트가 많다. 이 'The Hague Festival'도 어느 하나의 페스티벌을 이야기하는 것이 아닌 5~6월에 진행되는 갖가지 이벤트를 총 칭하는 것으로 이해하면 좋다. 5~6월의 어느 한 날, 아무 때나 방문해도 어 떤 페스티벌이 진행되고 있을 것이라 쉽게 예상할 수 있다. 아마, 아무런 정 보 없이 그저 방문해서 열린 축제를 즐기는 것도 기대치 않은 즐거운 추억 이 될 수도 있다.

[참고 사이트 : http://www.thehaguefestivals.com]

- Flag Day (Vlaggetjesdag), Scheveningen (6월 중순)

네덜란드 전통 음식인 '하링'을 느끼려면 가야 하는 곳. 'Scheveningen' 은 네덜란드의 가장 유명한 해안 도시로, 매년 6월의 첫째 또는 둘째 주에 'Flag Day'를 실시한다. 어부들의 와이프는 전통복장을 하고 배 한가득 하 링을 잡아오는 그녀들의 남편들을 팡파르와 맞이한다. 올해는 6월 18일에 진행된다.

[참고 사이트 : http://www.vlaggetjesdag.com]

- Holland Festival, Amsterdam, Den Haag, Rotterdam, and Utrecht (6월)

뷔페는 사람을 기쁘게 한다. 자신이 먹고 싶은 것을 골라 마음껏 먹을 수

있기 때문이다. 여기 암스테르담, 헤이그, 로테르담 그리고 위트레흐트 도시
들이 마음먹고 뭉쳤다. 음악, 오페라, 영화, 연극과 춤 등. 'Cultural Buffet'이
라는 말이 잘 어울리는 페스티벌을 연다. 올해로 68번째를 맞이하는 이 페
스티벌은 올해 6월 5일부터 25일까지 열린다. 이런 뷔페라면 미련하고 배
부르게 먹어도 좋을 듯. 먹다가 남길지언정.

[참고 사이트 : www.hollandfestival.nl]

- Pinkpop, Landgraaf (6월)

1970년부터 시작한 Pop & Rock 페스티벌이다. Limburg의 Landgraaf
도시에서 열린다. 가장 오래된 Rock 페스티벌로 알려져 있는데, 그 이름은
Dutch의 'Pinksteren'에서 유래한다.(영어로 Pentecost : 부활절 뒤 7번째
일요일인 성령강림절)

3일 동안 worlds of rock, pop, dance, electro, hop, indie, punk, folk, al-
ternative 그 이상을 즐길 수 있다. 올해의 캐치프레이즈는 'Red Hot Chilli
Peppers'다. 6월 10일부터 12일까지 이어진다.

[참고 사이트 : http://www.pinkpop.nl]

- Rotterdam Summer Carnival (Zomercarnaval 7월)

솔직히 카니발이 많아서 당황스럽다. 그러고 보면 열리는 도시도 비슷비
슷하다. 그러나 벌써 20년 전부터 이어져 온 것이라 급조되었다는 의심을
저버리게 한다. 또한 그 취지가 'Rotterdam Unlimited(Cultural Diversity)'
의 일환으로, 타문화를 통해 다양성을 즐기자는 취지이기에 가벼이 여길 수
없다. Rio와 같은 콘셉트로 라틴음악과 브라질의 역동성을 즐길 수 있는 페

스티벌. 25개가 넘는 행진 악대의 소리는 온 도시를 울려댄다. 밤도 예외는 아니다. 카니발은 7월 26일에 시작되어 드럼 배틀이 29일, 퍼레이드는 30일경에 열린다.

[참고 사이트 : http://rotterdamunlimited.com/zomercarnaval]

– July : North Sea Jazz Festival, Rotterdam (7월)

이번에도 로테르담이다. 1976년에 시작되었으니 아무리 행사가 많아졌어도 묵묵히 지켜나가야 할 것 같다. 1,000개의 국내외 뮤지션 팀의 연주를 7만여 명이 함께 하는 행사다. 올해 7월 8일부터 10일까지 열린다. 로테르담은 참 바쁘다 바빠.

[참고 사이트 : http://www.northseajazz.com/nl]

– Amsterdam Canal Festival (Grachtenfestival 8월 중순)

암스테르담 커널 페스티벌은 클래식 음악과 연관지어 열린다. 남녀노소 가리지 않는 이 행사는, 올해 8월 12일부터 21일까지 이어진다. 암스테르담에도 '낭만'이 있다는 것을 새로이 느낄 좋은 기회다.

[참고 사이트 : http://www.grachtenfestival.nl/gf/start.vm]

2. 여름에 즐길 거리들(도시 및 구경거리, 먹을 거리)

1) 여름이라면 이 도시를
- 네덜란드 왕이 사는 그 곳, 헤이그

암스테르담과 로테르담에 이어 세 번째로 큰 도시. 우리에겐 헤이그 특사로 더 잘 알려진 곳이다. 네덜란드어로는 'Den Haag(덴하그)', 영어로는 'Hague(헤이그)'다. 왕이 살고 있으며 각종 정부기관과 대법원, 국회와 국제 헌법재판소까지 들어선 곳으로, 어쩌면 그래서 조금은 그 이름이 무겁게 다가올지도 모르겠다.

그런데도 헤이그는 여름에 가면 좋은 곳이다. 여름 하면 떠오르는 열정이 있고, 찬란함이 있다. 도심지에는 올드타운의 면모를 여과 없이 보여주는 '비넨호프'가 자리 잡고 있고, 이를 지나다 보면 '마우리츠 왕립 미술관'에서 '진주 귀걸이를 한 소녀'와 만날 수 있다. 더불어 앞서 소개한 스헤브닝겐 해변을 가지고 있는 곳이 바로 헤이그다. 젊음의 열기와 사람들의 즐거움은 뜨거운 여름 햇살에 아랑곳하지 않는다. 한여름의 긴 해를 바다와 함께 보낼 수 있다는 것은 참으로 큰 축복이다. 해변에 길게 늘어선 카페 외부에 있는, 밀짚을 엮어 만든 의자에 비스듬히 앉아 바다를 마주하고 맛보는 와인이나 맥주 한 잔의 맛이 일품이다.

　헤이그는 1230년의 역사로 시작한다. Floris 4세 백작이 늪지대였던 영토 Hofvijver(호프파이퍼)를 사냥터로 사용하기 위해 사들였고, 대를 이으며 'Binnenhof(비넨호프 : Inner Court)'로 변모한다. 13세기의 느낌이 그대로 묻어난 이곳을 걸을 때면, 서울 한복판에 있는 창경궁을 걸었던 기억이 떠오른다. 주변에 드높은 현대적 건물로 둘러싸인 곳에서 느끼는, 과거로의 회귀다. '비넨호프'의 입구에서부터 느껴지는 시간의 흔적. 그리고 그곳에 발을 들여, 작지만 고귀해 보이는 분수를 마주하면 이미 과거는 우리 앞에 와있고 우리는 과거 안에 있는 듯하다.

　주변을 둘러보아 돌로 지어진 교회와 건물들을 바라보다 보면, 발길은 어느새 '마우리츠 왕립 미술관'으로 향한다. 번호가 매겨진 각 관람실을 돌다 '진주 귀걸이를 한 소녀'와 마주하면, 아는 사람을 오랜만에 만난 반가움에 사로잡힌다. 이 외에도 17세기 르네상스풍의 우아하고 아름다운 외관의 이 미술관에는, 루벤스와 렘브란트 그리고 베르메르의 유명한 작품들이 한가득이다.

헤이그에서 만나는 Peace Palace(평화궁)도 하나의 즐거움이다. 국제사법재판소, 상설중재재판소, 헤이그 국제법 아카데미, 평화궁 도서관 등이 있는 곳이다. 미국 철강 재벌 앤드루 카네기가 건설 자금을 기부한 곳으로 유명하기도 하다. 평화 궁 앞에 있는 곳에 적혀진, 국가별 언어로 쓰여진 '평화'라는 글자를 보는 재미도 쏠쏠하다. 물론 한글로도 평화가 새겨져 있다.

특히 이곳은 이준 열사의 목적지였기에 헤이그에 위치한 이준 열사 기념관을 둘러보고 온다면 뭉클함을 느끼게 될 것이다. 안타깝게도 이준 열사는 이곳 앞에서 우리나라의 어려움을 알렸을 뿐, 끝내 그 회의장으로 들어가진 못했다. 이준 열사 기념관은 1995년 문을 열었고, 17세기에 지어진 건물에 들어서 있다. 그 건물은 바로 이준 열사를 포함한 3인의 열사가 헤이그에 왔을 때 투숙했던 호텔이다. 총 3층으로 이루어진 건물에 7개의 전시실이 들어서 있다. 놀랍게도 이곳은 우리 정부에 의해 운영되지 않고 교민 분들에 의해 운영되어왔다. 이곳을 운영하시는 노부부 어르신의 설명을 듣다 보면 우리가 잘못 알고 있던 역사의식이 바로 잡히고, 나라를 위해 고군분투하고 그 생명을 희생한 위인에 무한한 감사를 느끼게 된다.

자리를 옮겨 스헤브닝겐 해변에 다다르면, 탁 트인 바다와 길게 이어진 모래사장을 만나게 된다. 모래사장을 따라 자리한 많은 카페가 힘들여 사람들을 부르지 않아도 사람들은 알아서 발걸음을 옮긴다. 자유로운 복장으로 바다를 즐기는 사람들. 해양 스포츠를 마음껏 즐기는 사람들의 역동성이 참 보기 좋다. 한여름. 햇살. 스포츠. 카페. 그리고 한 밤을 수놓는 불꽃놀이까지. 어느 바다가 낭만적이지 않고, 즐겁지 않을 수 있을까마는, 헤이그의 그것은 꼭 한 번 체험해보길 권한다. 아, 더불어 맛있는 하링을 손에 꼽히는 식당에서 맛볼 수 있는 곳이 헤이그 스헤브닝겐이기도 하다.

– 네덜란드 동화 마을 'Giethoorn(히트호른)'

사람이 살까 싶을 정도의 아기자기한 집들이 저마다의 개성을 뽐내며 자리한 곳. 그리고 사이사이에 있을법한 작은 오솔길은 작고 좁은 운하로 이어져 있다. 그곳을 작은 배로, 그것도 직접 방향을 바꿔보며 유유히 떠 갈 때의 기분은 어떨까. 그 기분을 고스란히 느껴볼 수 있는 곳이 바로 네덜란드의 숨겨진 작은 동화 마을 Giethoorn(히트호른)이다.

네덜란드의 '작은 베니스'라고도 불리는 곳이긴 하지만, 개인적으론 그렇게 부르고 싶지 않다. 두 곳을 다 가본 사람이라면 내 의견에 동의할 것이다. 규모도 규모지만 느껴지는 분위기가 다르다. '작은 베니스'라고 하는 순간 많은 편견이 생기는 것이 영 반갑지가 않다. 히트호른의 분위기는 독보적이다. 소박하나 독보적이다. 배를 하나 빌려 그곳을 유유히 지나가 보자. 머리 위로 지나가는 작은 다리들을 그저 보내고, 좌우로 지나가는 독특한 모양의 집들에 심취해 있을 즈음에 나오는 커다란 호수는 마치 바다에 온 듯한 청량감을 선사한다.

요즘엔 이 작은 마을이 유명해져 사람들로 가득하다. 예약하지 않으면 배를 구하기도 힘들다. 그저 2~3년 새 관광객이 갑자기 많아지며 그 유명세를 타고 있는 듯하다. 그런데도 한여름의 날씨 좋은 어느 날, 이곳을 꼭 방문해 보길 권유한다. 소박함과 아기자기함이 이렇게 가슴 깊이 울림을 줄 수도 있구나를 느끼게 될 것이다.

– 네덜란드의 푸른 심장 '델프트'

델프트의 구시가지에서 느끼는 시간의 흔적은 신비롭다. 그리고 중심 광장으로 들어가는 곳에서 만난 푸른 심장은 이곳이 델프트임을 다시금 깨닫게 한다.

델프트의 운하 길은 그 색채가 강하다. 다른 곳에서 느끼는 그것과 차별화된다. 차별화는 꽃에서부터 시작한다. 델프트 곳곳의 가로등 중간에 달린 꽃이, 이 도시가 얼마나 꽃을 사랑하는지 예고한다. 그리고 거니는 운하와 운하 사이의 작은 다리에는 어김없이 화분과 꽃이 함께 한다. 그저 꽃 하나가 작은 다리 위 난간에 있을 뿐인데 분위기가 영 새롭다.

그리고 오래된 도시답게 이어지는 운하 옆 작은 골목길에는 '앤틱 시장'이 열린다. 앤틱한 것들 말고도 아기자기한 많은 상점이 줄을 잇는다. 없는 것 빼고는 다 내다 파는 모양새다. 사람의 손때가 묻은 것부터, 누군가의 추억이 담겼을 만한 것, 시간의 흔적이 겹겹이 쌓인 물건들이 수두룩하다. 어쩌다 진짜 보물을 발견할 수 있을지도 모르겠다는 기대를 하게 될 정도다.

광장에 이르러보면 탁 트인 시청사와 마주 보고 있는 신교회 건물의 대립이 인상적이다. 그 중간에 서서 양쪽으로 몸을 돌려 가며 사진을 찍는 즐거움이 쏠쏠하다. 높은 하늘에 구름이라도 바람에 흘러가면, 땅이 움직이고 교회 건물과 시청사 건물이 돌아가는 듯한 착각이 든다.

여름에 델프트를 오면 좋은 것이 바로 이것이다. 드높은 하늘, 청량한 공기와 구름. 그리고 네덜란드에서 몇 안 되는 높은 곳에서 아래를 조망할 기회까지. 신교회의 종탑에는 올라갈 수 있는 계단이 있다. 그 계단이 좁아 올라가는 사람과 내려오는 사람이 뒤엉켜, '돈을 내고 이곳을 왜 올라가려 했을까'라는 소심한 후회를 잠시 하더라도 그곳에 올라 바라보는 델프트의 정수리는 감동 그 자체다. 마주 오는 바람도 올라갈 때의 피로감을 단번에 날려준다. 광장을 내려다보고, 또 다른 곳의 델프트를 내려다보면 마음 한 편이 씻기고 넓어지는 느낌이다.

아래로 내려가 도자기로 유명한 델프트 도자기 상점에 발을 들이면 그 아름다움과 생각보다 높은 가격에 두 번 놀라게 된다.

델프트의 운하는 독특하다. 꽃과 앤티크 마켓이 어우러져 특유의 분위기를 자아낸다.

광장 한가운데서 바라본 교회와 시청사 건물.

좁은 계단을 돌고 돌아 올라야 한다.

시원한 바람을 맞으며 델프트의 정수리를 보는 건 큰 즐거움이다.

2) 여름에 즐기면 좋은 먹거리

- 더치 팬케이크

네덜란드의 팬케이크는 놀랍다. 그리고 맛있다. 팬케이크가 맛있어 봤자 얼마나 맛있겠냐고 묻는다면, 그렇게 말하는 사람은 아직 더치 팬케이크를 접해보지 않았다고 단언할 수 있다. 물론, 내가 말하고자 하는 팬케이크는 보통과는 좀, 아니 아주 다르다.

팬케이크의 유래는 불분명하지만 대부분의 '설'들은 고난 주간 금식 전에 칼로리를 보충하는 음식으로 종교와 관련되었다는 설이 가장 유력하다. 네덜란드뿐만 아니라 다른 나라에서도 이러한 종류의 음식은 많이 볼 수 있다. 크레페, 랑고쉬 그리고 부침개 등의 것들은 탄수화물을 섭취해야 하는 사람들에게 문화와 조리법에 따라 그 외형만 다를 뿐이다. 더치 팬케이크의 경우는 토핑에 따라 그 맛과 성격이 달라지니 어찌 보면 이탈리아의 피자와도 비슷한 면이 있다고도 할 수 있겠다. 토핑으로는 갖가지 것들이 올라간다. 달콤한 것이 올라가기도 하고, 베이컨이나 치즈와 같이 한 끼 식사로도 거뜬한 것들이 올라 간식과 식사의 경계를 마음껏 넘나든다.

앞서 이야기한 '보통과는 많이 다른' 팬케이크는 암스테르담 시내에 있는 카페의 것이 아니다. 그저 맛집 소개 정도에 지나지 않을까 하는 우려가 있었으나, 진정한 네덜란드를 즐길 수 있는 경험의 가치를 생각하면 소개해야 함이 마땅하다.

지금 이야기하는 더치 팬케이크 하우스는 암스테르담 숲(Amsterdamse Bos)속에 자리해있다. 그 역사가 무려 158년이고, 삼대 째 전해 내려오는 곳이다. 이름은 "Boderij Meerzicht"다. 굳이 우리나라 발음으로 하자면 '보더라이 미어지흐트'고, 뜻은 'Farm Lake'다. 여름에 팬케이크를 추천하는 이유도 바로 이것이다. 날씨가 좋은 날, 이 팬케이크 하우스에 가면 드넓은 호수를 지나, 숲 안에 위치한, 그 옛날 농장이었던 곳에서 정통의 더치 팬케이크를 맛볼 수 있기 때문이다. 실제로 네덜란드 사람들도 가족끼리 삼삼오오 모여와, 여유로운 점심을 즐긴다.

이곳에 가는 방법은 두 가지인데, 차를 타고 근처 주차장에 세운 후 5분 정도 걸어가거나 호수 반대편에 주차한 뒤 쪽배를 타고 건너가는 방법이다. 날씨가 좋을 때, 특히 여름에는 이 쪽배를 타고 가는 길을 진심으로 추천한다. 인심 좋아 보이는 아저씨들이 운전하는 배를 타고 1분도 안 되는 거리를 건너가지만, 그 여정이 머리와 가슴에 오랜 시간 박힌다. 그 짧은 시간 그곳에 잠시 떠 있을 수 있는 것이 얼마나 감사하고 찬란한지, 가슴이 벅찰 정도다. 긴말이 필요 없다. 아름다운 숲을 보며 잠시 떠가는 배, 저 멀리 흘러가는 구름. 그리고 내리쬐는 햇볕에 반짝이는 호숫가. 살랑이는 바람이 스쳐가며 천국은 바로 이곳이라 속삭인다. 꼭 경험해 봤으면 좋겠다.

야외 테라스에 자리를 잡으면 주위에 놀이터와 작은 동물원이 보인다. 아이들은 신난다. 놀이터에서 저희끼리 깔깔대며 놀고, 사슴에게 먹이를 주며 동물과 교류한다. 이곳의 명물은 공작새인데, 공작새가 테이블 사이를 아무렇지 않게 지나다닌다. 가끔 옆에 와서 날개를 펼치곤 하는데 팁이라도 줘야 하는 건지 헷갈릴 때도 있다.

팬케이크의 맛은 신비롭다. 신세계라고 해도 좋다. 진동벨이 울려 주방으로 가면, 커다란 트레이에 팬케이크가 들려 나온다. 무게가 제법이다. 가장 신세계를 경험하게 했던 메뉴는 '레몬 슈가 팬케이크'다. 팬케이크에 뿌려진 설탕 위로, 레몬즙을 짜 먹는 맛이 일품이다. 기본 베이스가 되는 팬케이크는 그 특유의 고소함을 선사하고, 위에 뿌려진 토핑은 달콤하다. 어깨너머로 네덜란드 가족들에게 배운 대로, 팬케이크를 돌돌 말아 칼로 썰어 먹는다.
맛은 물론 이러한 모든 경험의 것들이, 그 어디에서도 만나보지 못한 것들
이다. 이곳에 오기 전에 오히려 암스테르담 어느 카페의 것을 맛보고 오면,
확실히 그 차이를 더 잘 알게 될 것이다. 맛과 경험, 모든 오감으로 말이다.

혹 네덜란드에 왔다면 아무리 바쁘더라도 시간을 내어 더치 팬케이크가
무엇인지 어떤 맛인지, 그리고 158년 전통의 그곳 분위기는 어떠한지 경험
해볼 수 있길 바란다.

– 네덜란드의 대표 음식, Herring(하링 : 청어)

'통조림의 유래'를 찾아보면 1804년 니콜라스 아페르란 사람이 군대에 보다 신선한 음식을 공급하기 위해 자신의 경험을 살려 고안해냈다고 되어 있다.

어떻게 하면 음식을 보다 오래, 신선하게 보관할까에 대한 네덜란드 사람들의 방법은 이보다 419년이나 앞선 1358년이었다. 물론, 병이나 양철통에 넣는 것보다는 좀 더 큰 통을 사용했지만, '통절임'을 고안해내어 냉장고가 없는 당시에 획기적인 상품을 만들어낸 것이다.

당시 북해의 치열했던 상권은 청어잡이가 주력이었고, 1358년 빌렘 벤켈소어라는 어부가 청어의 이리를 제외한 내장을 단칼에 베어낼 수 있는 작은 칼을 만들고 소금에 절여 통에 보관하게 되면서 경쟁국가들을 단 한 번에 평정하고 부를 쌓게 된다. 선상에서 바로 염장된 청어는 1년간 보관이 가능했을 정도다.

이처럼, 하링은 북해에서 유명한 음식이고, 네덜란드는 그것의 보관법을 고안해내면서 온전히 자신의 것으로 만들었다. 지금도 한 손에 청어의 꼬리를 쥐고, 고개를 젖히고 입을 벌려 한입에 쏙 넣으려는 모습은 네덜란드를 대표하는 이미지로 굳어있다.

하링의 종류는 보관법이나 소금의 양 정도에 따라 많은 종류가 있지만 크게 두 종류로 나뉜다고 볼 수 있다. 껍질을 벗기고 소금에 절인 하링, 그리고 껍질 그대로 피클에 절인 하링이다. 첫 번째 것이 흔히들 만날 수 있는 종류인데, 보통 빵에 넣어 양파와 함께 먹는다. 껍질이 그대로 피클에 절인 하링은, 보기에는 매우 비려 보이지만 전혀 비리지 않은 톡 쏘는 맛이 일품이다. 개인적으로는 피클에 절인 하링을 좀 더 좋아한다.

한여름에 바닷가에서 즐기는 하링은 더 좋다. 스헤브닝겐 백사장이 시작되는 즈음에 있는 하링 식당에서 맥주와 함께 그것을 즐겨보자. 네덜란드의 어촌 마을인 '볼렌담'에 들러서 쭉 늘어서 있는 노점상에서 다양한 하링을 골라보자. 빵에 넣어 양파와 함께 그 특유의 비린 향을 느껴도 좋고, 시큼한 피클 하링을 입에 넣어 머리가 쭈뼛해도 좋다. 맥주로 입가심하면 또 한 입 생각나는 것이 바로 하링이다. 잠깐, 바닷가에서 하링을 즐길 때는 갈매기를 조심해야 한다. 먹고 살기 위해 사람과 친근해진 갈매기들의 수법이 예사롭지 않기 때문이다.

피클에 절인 하링. 비려 보이지만 전혀 그렇지 않고, 오히려 한국사람 입맛에 더 잘 맞는다.

네덜란드 가을과 겨울 즐기기

- 다양한 색채와 분위기가 있는, 가을

천고마비(天高馬肥)라 했다. 네덜란드의 하늘은 언제나 좀 높은 편이다. 산이 없고 평지가 만연한 이곳의 하늘은 그렇다. 말(馬)도 많다. 취미로 승마를 즐기는 사람이 주위에 꽤 있다. 하늘이 높고 말들은 그렇게 여기저기에, 그리고 토실토실한 건강한 모습으로 있으니 네덜란드는 언제라도 가을을 준비하고 있는지도 모른다. 4계절이 뚜렷한 우리나라와 비교할 때 네덜란드의 그것도 크게 다르지 않다. 앞서 이야기한 대로 우리나라와는 달리 여름에 건조하고 겨울에 습한 것 빼고는 말이다. 그러니 우리나라와 가장 비슷한 계절을 꼽으라면 그것이 '가을'인 것이다. 다양한 색채와 분위기가 우리나라와 그 결을 같이한다. 물론, 산이 없어 산이나 골짜기로 가는 단풍놀이는 없지만 커다란 숲속에서 옷을 갈아입는 나무들의 색채는 친근하다. 가로수 나무들도 드높게 솟아올라 저마다의 색을 바꾸면 그 모습이 꽤 매력적이다.

가을은 차분하다. 황금기의 그 햇살을 간직하고 있지만 이내 그것을 떠나보내야 한다는 것을 알고 있다. 서머타임이 끝나는 시점에 맞추어 해는 좀 더 빨리 진다. 조금 더 잦아지는 빗줄기, 그리고 매섭기 전 쌀쌀한 바람이 겨울을 예고한다. 찬란한 여름과 우울한 겨울의 중간에서 가을은 사람들로 하여금 그렇게 차분하고 또 차분하라 속삭인다. 어디를 가나 느껴지는 이 차분함의 분위기는 그래서 네덜란드의 가을을 돋보이게 한다. 지평선이 보이는 평야에서 느껴보는 가을이나, 운하에서 발을 굴려 배로 돌아보는 단풍 투어도 기억에 남을만하다. 바닥에 흐트러지는 단풍잎들에 눈과 마음을 빼

네덜란드의 가을도 우리네와 다르지 않다. 나무들이 그들의 색을 바꾸기 시작하여 주위를 좀 더 다채롭게 만든다.

앗기는 건, 가을이 존재하는 여느 나라 어느 곳의 그것과 다름없다. 네덜란드는 그렇게 가을과도 잘 어울리고, 자신만의 가을을 만들어낸다.

– 우울함 한 스푼과 강인함 두 스푼, 겨울

네덜란드 겨울의 첫인상은 우울함이다. 해는 늦게 뜨고, 일찍 진다. 바람

은 미친 듯이 불고 비는 더 미친 듯이 온다. 기온은 0도에서 조금 더 내려가는 수준이지만, 한국인에게는 치명적인 추위다. 습하고 칼날 같은 차가운 바람이 옷을 뚫고 뼈에 다다른다. 으슬으슬한 추위의 위력이 대단하다.

솔직히 네덜란드의 겨울을 즐기기란 그리 쉬운 일이 아니다. 하지만 한 해, 두 해를 지나다 보면 네덜란드의 겨울이 그렇게 매력적이지 않을 수가 없다. 해가 일찍 지니 사람들은 대부분 식당이나, 집 등 실내에서 머문다. 덕분에 집에서 가족들과 보내는 시간이 많아진다. 온 동네가 차분하다. 우울하게만 느껴지던 분위기가 차분함을 느끼기까지는 많은 시간이 소요된다. 부슬부슬 오는 비부터 강풍을 동반한 소나기를 보며 실내에서 마시는 커피나 차 한 잔의 여유는 일품이다. 반 고흐의 그림에서도 자주 보던 먹구름이 가득한 회색 하늘이 오히려 매력적으로 보인다. 날씨와 추위가 사람을 힘들게 해도 네덜란드 사람들은 꿋꿋하게 자전거를 타고 앞으로 나아간다. 등교하는 학생이나 지근거리를 오고 가는 사람들은 비가 오고 바람이 불어도 아랑곳하지 않고 제 갈 길을 간다. 이런 날씨는 물론, 바다와도 싸워 이긴 사람들이다.

어쩌면 네덜란드 사람들을 이렇게 강인하게 키운 8할은 바다와 날씨였는지 모른다. 그런 의미에서 네덜란드의 겨울은 즐길 가치가 있다. 그네들의 강한 정신을 느낄 수 있고, 우울하게만 보이는 곳에서 푸른 잔디와 같은 희망을 볼 수도 있다. 우울함 한 스푼, 그러나 강인함 두 스푼. 우울함은 차분함으로 승화시켜도 좋고, 조금의 우울함이 있어도 여름의 찬란함에 날려버리면 그만이다. 여름을 마음껏 즐기기 위해서 겨울에 차분히 우울함과 마주하는 것도 나쁘지는 않을 것 같다.

네덜란드의 겨울은 습하다. 출근을 하려면 자동차의 성에를 우선 제거해야 한다.

1. 네덜란드 가을/겨울 축제 즐기기

1) Jordaan Festival (9월)

Folk, Drumming, Opera or Cabaret 등 다양한 음악 페스티벌이 기다리고 있다. 조르단은 안네 프랑크 하우스가 있는 곳으로, 뉴욕의 소호 거리의 전신이기도 하다. 즉, 젊음의 거리이기 그만큼 트렌디하다는 이야기다. 그러면 거기서 열리는 페스티벌이 다시 보이기 시작할 것이다.

[참고 사이트 : www.jordaanfestival.nl]

2) MudMasters (4월, 6월, 9월)

역사가 그렇게 오래되지 않았지만 최근 들어 유명해진 행사다. 여기에 참석해보면 네덜란드 사람들의 'Spirit(정신)'이 느껴진다. 운동을 좋아하고, 모험을 좋아하는 그것 말이다. 특히, 최근 젊은이들의 참여율이 높아지면서 '핫'한 이벤트로 자리매김하고 있다. 참가비를 내야 하므로 축제보다는 행사에 가깝지만 분위기는 축제 이상이다.

이름에서도 알 수 있듯이 진흙이 가득한 각각의 코스를 뛰는 것으로 각각 6km, 12km, 18km 그리고 42km의 거리로 이루어져 있다. 우리나라의 보령 머드 축제와 같은 건, '머드'라는 한 단어일 뿐 이 Mud Masters 축제는 스포츠에 더 가깝다. 군대를 다녀온 사람이라면 왜 돈을 주고 이런 고생을 하느냐고 말할 것이 뻔하다. 사실, 나도 그랬다. 그래도 우연한 기회에 참석한 이 행사에서 나는 네덜란드 사람과 함께 달리며 축제 이상의 즐거움을 얻었다.

물론 여행 와서 이것을 뛰어보라고 추천할 수는 없다. 분위기라도 살펴보려면, 6월에 스헤브닝겐 해변에서 열리는 축제를 시원한 맥주와 함께 구경해보는 것도 좋다. 가장 규모가 크게 열리는 9월의 Mud Master에 6km 정도 뛰어보는 것도 나쁘지는 않을 것 같다. 함께 뛰어보면 안다. 출발선에서 엔도르핀이 머리끝까지 차오르는 느낌과, 달리면서 지쳐가는 몸, 그러나 Finish 선에 다다랐을 때 느껴지는 그 희열을.

[참고 사이트 : www.http://mudmasters.com]

Episode

코스마다 2~3군데는 물웅덩이에 빠진다. 특히 뛰어내리거나, 슬라이드를 타고 물에 빠져 헤엄쳐 나오는 코스가 있다. 네덜란드 사람들은 예로부터 물과 싸워온 전력과 운하와 홍수에 대한 아픈 기억이 있어 어려서부터 수영을 필수 교과목으로 지정하고 있다. 단계에 따라 자신이 입고 있는 옷을 그대로 입고 빠지거나, 우비와 장화를 신고 물에 빠져 수영하여 나오는 것을 테스트하기도 한다. 그러니, 수영을 못하는 내가 물로 뛰어들기 전에 관계자에게 물 깊이가 얼마냐 되냐고 물은 것은 당연하다. 하지만 그 사람은 내가 설마 수영을 못하리라곤 생각을 못 했을 것이다. 무조건 OK를 외치는 그에게 속았다는 것을 알게 된 건 뛰어내린 지 얼마 안 되어 가까스로 구조된 후였다. 깊이가 얼마인지를 묻는 내 질문에, 그 관계자의 OK 사인은 '뛰어내렸을 때 바닥에 부딪히지 않을 정도로 충분히 깊다'라는 말이었던 것이다. 그러니, 혹시라도 참석하게 된다면 수영을 꼭 할 수 있어야 한다. 또는 물속으로의 코스는 우회하는 것이 좋다.

3) Relief of Leiden (Leidens Ontzet 10월 초)

다양한 퍼레이드와 음악 축제, 불꽃놀이가 열리는 전형적인 페스티벌이다. 다만 스페인의 압제에서 벗어난 것을 기념한다는 것을 생각하면 그저 가볍지만은 않은 축제다. 스페인을 바다에서 몰아낸 것을 기념하며 하얀 빵에 하링을 넣고 맛있게 먹는 모습도 연출된다.

[참고 사이트 : www.vvvleiden.nl]

4) St Nicholas Day (Sinterklaas 12월)

크리스마스는 그저 공휴일이고, 머리맡에 선물을 두고 가는 것은 산타가 아니라 부모님이라는 것을 알 때쯤 사람들은 어쩌다 어른이 되어간다. 크리스마스는 종교적인 의미를 초월하여 문화적 행사로 발전했다. 또 한 번, 문화적 행사를 넘어서 상업적 행사로도 자리 잡았다. 그런데도 추운 겨울날 따뜻한 마음을 나누는 좋은 취지는 남아 있다는 것이 조금은 덜 세속적인 의미라고나 할까. 물론, 옆구리가 시린 솔로들에게는 만남이 주선되는 성수기이기도 하다.

솔로들의 건승을 빌며 각설해보면 크리스마스의 유래는 물론 종교적 의미에 기인한다. 정확한 날짜는 아니지만 예수의 탄생일을 기리는 것을 공통분모로 하여 그것을 축하하는 날. '그리스도'(Christus)와 '모임'(Massa)의 합성어도 이를 뒷받침한다. 이는 교회의 전통과 로마제국의 전통이 섞여 발전했음을 알 수 있는데 교회의 전통이 '예수의 탄생'에 초점을 맞추고 있다면, 로마제국의 전통은 '산타클로스'의 탄생을 이루어냈다. 4세기 동로마 제국 소아시아(지금의 터키) 지역의 '성 니콜라우스'가 바로 그 주인공. 어려운 사람들을 도와주기 위해 굴뚝 속으로 금 주머니를 떨어뜨린 그것이 벽난

로에 걸어둔 양말 속으로 들어갔다. 그리고 그 사건은 전 세계 사람들을 12월의 어느 날, 양말을 머리맡에 두고 자도록 만들었다.

네덜란드는 행복지수가 매우 높은 나라다. 행복해서 축제를 많이 하는 건지, 축제를 많이 해서 행복한지는 모르겠지만 네덜란드 사람들은 모든 것을 축제로 승화시킨다. 그래서 그런 걸까? 네덜란드에서의 첫겨울을 돌이켜보면 크리스마스가 되기도 전에 분주했던 그 분위기가 기억에 선명하다. 분명, 크리스마스는 몇 주가 남았는데 선물이 오가고, '신타클라스'라는 이름의, '산타클로스'를 모방한듯한 사람이 등장했다. 그리고는 12월 25일 크리스마스 휴일은 그대로. 한 번으론 모자란다는 듯한 이 네덜란드의 분위기는, 과연 네덜란드다웠다. 어린아이는 물론, 어른들도 자신들의 어린 날을 기억하며 설렘과 따뜻한 마음으로 선물과 덕담을 나누는 모습이 그러했다. 그런데, 네덜란드는 왜 크리스마스가 두 번인 걸까?

크리스마스는 교회의 전통 측면에서 보면 원조를 따지기 어렵다. 예수의 탄생일이기 때문이다. 하지만 산타클로스는 다르다. 성경에 명시되지 않은, 문화와 구전에 의지해 발달해온 성 니콜라스의 이야기이기 때문이다. '성 니콜라우스', '니콜라오', '니콜라스', '니콜라' 등의 다양한 이름으로 불리는 이유다. 그리고 그의 축일은 12월 6일로, 네덜란드에게는 12월의 첫 번째 크리스마스와 같은 날이 된 것. 엄격히 말해서는 크리스마스가 두 번이 아니고 12월 5일은 '신타클라스 데이', 그리고 12월 25일은 '크리스마스'인 것이다.

산타클로스가 신타클로스에서 유래했다는 것은 네덜란드의 그 옛날 황금기에 기인한다. 네덜란드가 뉴욕의 조상이었다는 것을 상기시켜보면 쉽다. 즉, 미국 땅을 개척한 네덜란드 사람들에 의해 전해진 '신타클라스'가 '산타클로스'가 되어 전 세계를 누비게 된 것이다.

과연 축제를 즐기는 네덜란드 사람들답게 신타클라스 데이는 우리가 아는 크리스마스와 같이 하루에 끝나지 않는다. 포문은 11월 11일 이후 첫 번째 토요일. 올해는 그래서 11월 12일. 신터클라스는 그 날 배를 타고 들어온다. 스페인에서 오는 그 배는 요란한 음악과 함께 등장하며, 그 배가 도착하는 도시는 축제 분위기로 휩싸인다. 시장이 나와 영접을 준비하고, 도시의 사람들은 남녀노소를 불문하고 한껏 기대에 찬 모습으로 분위기를 달아오르게 하다. 실제 그 사이에 있어보면 그 열기는 기대 이상이다. 키가 2미터 넘는 어른이나, 나이가 지긋해 신타클라스와 동년배 또는 그 이상인 노인들도 얼굴엔 미소가 한가득이다. 아마도 어릴 적 부모님 손을 잡거나 무등을 타고 보았던 그것을 자신의 자녀들과 함께한다는 기쁨의 표현이자 추억에 대한 오마주일 것이다. 단 몇 년을 살았지만 네덜란드 사람들의 그러한 정서가 피부 깊숙이 느껴져 왔다.

신타클라스의 축일은 12월 6일이지만 선물을 나눠주는 밤은 크리스마스이브와 같이 그 전날인 5일이다. 11월 초·중순에 도착한 신타클라스는 그의 조력자 '피터'와 네덜란드 방방곡곡을 돌아다니며 착한 아이들에게는 선물을 주고 나쁜 아이들에게는 벌을 주러 다닌다. '피터'는 신타클라스가 목숨을 구해 준 은혜를 갚기 위해 함께 다니는 조력자인데 정확한 이름은 'Zwarte Piet(쯔바르테 피트)'로 '검은 피터'로 불린다. 스페인 무어족의 유래 때문에 흑인을 조수처럼 부리는 것은 아닌지에 대한 반발로 인종차별의 논란이 해마다 불거지곤 한다. 실제로 2014년 신타클라스가 암스테르담 운하에 도착했을 때 90명이 체포될 정도의 규모로 시위가 일어나기도 했다. 어른들은 아이들에게 피터들이 흑인이라고 설명하지 않고, 굴뚝을 오가다 얼굴이 검게 된 것이라 설명해주고 있다.

신타클라스의 날에 맞추어 사람들은 따뜻한 마음을 초콜릿으로 전한다. 우리의 **빼빼로데이**나 밸런타인데이처럼 수많은 초콜릿이 오간다. 회사에서는 직원들에게 전체 선물로 돌릴 정도다. 공식 통계로는 약 2천3백만 개의 초콜릿이 판매된다고 한다. 그리고 그 초콜릿은 일반 초콜릿이 아닌 알파벳 이니셜을 딴 것으로, 선물 받는 사람의 이름에 맞게 준비한다. 기본적으로 'S'는 신타클라스의 이름을 나타낸다.

언젠가, 이렇게 나누어주는 초콜릿 알파벳이 상업적으로 느껴지고 피터의 피부가 굴뚝 때문이 아니라는 것을 알 때쯤 네덜란드 아이들은 어른이 되어갈 것이다. 물론, 어른이 되어도 어린 마음의 그것을 간직한 2m 키의 사람들은 자신의 자녀들에게 아름다운 이야기로 신타클라스 데이를 설명할 것이다. 유럽의 매력은 이런 데 있다. 조금은 촌스러울지 모르고, 유치해 보일지 모르지만 그들의 '유산'을 고스란히 유지하고 보전해가는 것. 11월부터 이어지는, 아니 연초부터 계속되어 12월에 마무리되는 네덜란드의 축제는 그래서 현재 진행형이다. 축제를 해서 행복한 건지, 행복해서 축제를 하는 건지 물음에 대한 답을 굳이 알아낼 필요가 없을 것 같다.

각 도시에는 신타클라스가 배를 타고 방문한다.

배를 타고 온 신타클라스와 피터들이 도시를 행진한다.

네덜란드 신타클라스데이 제대로 즐기기

① 공식 웹사이트(http://www.iamsterdam.com)에서 일정을 확인한다. 어느 도시에 언제 들어오는지에 대한 정보를 얻은 후 원하는 도시를 정한다.

② 암스테르담이 가장 성대한 퍼레이드를 진행하지만 너무 많은 인파로 인해 불편할 수 있다. 차라리 다른 도시 또는 소박한 곳을 정해 가는 것도 방법이다. 개인적으로는 Groningen(흐로닝겐)이나 Enkhuizen(엥크하위전) 도시를 다녀왔는데, 너무 북적이는 암스테르담보다는 신터클라스 도착과 퍼레이드를 보고 즐기는데 좀 더 수월했다.

③ 날씨가 정말 춥다. 밖에 오래 있어야 하니 방한과 보온 준비는 필수다.

④ 피터가 나눠주는 과자를 신나게 받아먹는다.

⑤ 퍼레이드가 끝나고 나면 그 도시 어느 한 카페에 들러 몸을 녹이는 차 한잔은 천혜의 선물과도 같다.

5) Amsterdam Light Festival (11월 30일~1월 중순)

한겨울 암스테르담의 운하는 나가기가 꺼려지는 곳이다. 스산한 바람과 추위가 옷을 뚫고 그대로 체온에 영향을 주는 날씨 때문이다. 더더군다나 물가에서 느껴지는 그 바람과 추위의 위력은 상상 이상이다. 으슬으슬한 기운에 치를 떨 정도다. 그래도 우리는 한겨울, 암스테르담의 운하 곳곳에 나가 볼 수밖에 없다. 빛이 우리를 부르기 때문이다. 나방이 자신의 죽음을 예견하지 못한 채, 그저 불빛 속으로 달려 들어가는 것을 빗댄다면 좀 과할까? 전망이 좋은 높은 곳과 빛나는 것에 대한 우리들의 집착을 생각할 때, 사람은 결국 어쩔 수가 없다.

암스테르담의 Light Festival은 해가 지면 나타난다. 우리나라에서도 청계천의 등 축제가 있고, 세계 어느 곳에서든 루미나리에 등의 빛 축제는 있다. 암스테르담의 그것이 그들과 견주어, 더욱더 화려하고 내난한 건 아니다. 2011년에 시작한 그 역사도 그리 길지 않다. 하지만, 세계적인 건축가와 예술가들의 작품은 암스테르담의 운하와 다리, 그리고 도시와 건물에 녹아 들어 아름다움을 증폭시킨다. 크게 두 가지 코스로 구성이 되어 있는데, 도보 코스(일루미네이드)와 보트 코스(워터 컬러) 코스다.

추운 옷깃을 여미며 사랑하는 사람의 손을 잡고 거닐면 좋은 일루미네이드 코스는 23점의 예술 작품을 만날 수 있다. 역사적인 건물이나 공원, 다양한 장소에 설치된 작품들을 즐기는 재미가 쏠쏠하다. 작품과 함께 사진을 찍을 수도 있고, 움직임이나 각도에 따라 빛이 변하는 인터랙티브를 모티브로 한 작품들도 있어 지루할 틈이 없다.

운하의 도시답게 워터컬러 코스는 보트를 타고 다닌다. 회사별로 구분이 되는 코스에서 맞이하는 예술작품들의 향연은, 추위를 잊게 한다. 운하 수면에 비치는 모습까지 고려하여 만든 다양한 예술 작품들은 마음의 고요함을 더욱더 부채질한다. 잔잔한 수면 위로 보이는 세상이 어째 새롭기만 하다.

　[참고 사이트 : www.amsterdamlightfestival.com]

Light Festival 깃발을 따라가다보면 암스테르담 겨울 운하의 아름다운 야경을 만날 수 있다.

운하 곳곳의 다리는 주위의 분위기와 함께 어울려 또 하나의 볼거리가 된다.

지나가다 만나는 예술 작품들이 낭만적인 분위기를 자아낸다.

6) 새해 불꽃축제 (12월 마지막 날) & 신년맞이

네덜란드의 새해는 한국보다 8시간 느리다. 그래서 제야의 종소리가 울리고 난 뒤, 8시간이란 시간을 번 듯한 재미있는 착각이 든다. 우리나라의 새해맞이는 '일출'과 '떡국', 이 두 가지로 설명될 수 있겠지만 네덜란드는 신년을 '불꽃놀이', '올리볼렌'과 함께한다.

한국의 민방위 훈련을 모르는 외국인이 한국에서 사이렌이 울리고 모든 사람이 대피하자 전쟁이 난 줄 알고 기겁을 했다는 이야기는 재미있지만 충분히 이해가 가능한 상황이다. 이와 마찬가지로, 만약 네덜란드에서 새해로 넘어가는 마지막 날에 행해지는 불꽃놀이에 대해 잘 모르고 있다면, 자칫 새벽까지 이어지는 불꽃놀이에 테러가 일어난 건 아닐까 하는 두려움을 감출 수 없을 것이다.

네덜란드의 불꽃놀이는 한국과는 다르게 개개인들끼리도 즐길 수 있고 또 그 불꽃놀이의 규모나 파워가 한강 주변에서 피리 소리를 내며 날아가다 펑하고 터지는 그것과는 차원이 다르기 때문이다. 말 그대로 사방팔방에서 폭탄 터지는 소리가 들린다고 해도 과언이 아니고, 이 불꽃의 향연과 소리는 새해로 넘어가는 새벽까지 이어진다. 저녁 7시가 되면 아이들을 재우고, 서로에게 피해를 주는 것에 대해 매우 조심스러워하는 네덜란드 사람들에 대한 이미지가 가득하다면 더욱더 놀랄 일이 되고 만다.

한국에서 불꽃놀이라 함은 '한 화약회사에서 주최하는 한강 근처에서의 큰 불꽃놀이'와 '강가 또는 펜션 어디 근처에서 소소하게 즐기는 작은 개인 불꽃놀이'일 것이다. 네덜란드도 신년맞이 거대한 불꽃놀이가 암스테르담 한가운데서 실시된다. 다만 '개인 불꽃놀이'는 한국과 차원이 다르다. 흡사 다이너마이트와 같은 불꽃놀이 기구도 있고, 손이 잘려나가거나 큰 화재나

폭발이 일어날 것에 대한 경고를 TV를 통해 매년 내보내고 있을 정도다.

실제로 2000년 5월 31일은 네덜란드 사람들에게는 기억하고 싶지 않은 날이다. 불꽃놀이가 인기를 얻게 되자 회사 간 경쟁이 격화되었고, 더 많은 재고를 무리하게 쌓아두게 된 Enschede(엔스케데) 부근의 한 불꽃놀이 제조업체 창고에 불이 났다.

이 불은 큰 폭발을 불러왔고 19명 사망, 950여 명 상해, 그리고 1,000여 가구가 다 타 버리고 1,250명이 집 없는 난민이 되어버린 어처구니없는 사고였다. 폭발음은 60km 밖에서도 들렸고 화마가 휩쓸고 간 그 모습은 흡사 전쟁터와 같았다.

폭발사고 관련 영상

그런데도, 불꽃놀이는 신년을 맞이하는 큰 행사이기 때문에, 네덜란드 사람들은 12월 28일부터 약 사흘 동안 폭죽과 불꽃놀이 용품을 정부가 허가한 상점에서 살 수 있다. 16세 이상에게 판매하되 1인당 최대 구매량은 25kg으로 제한된다. 시간 또한 제한되는데, 불꽃놀이 폭죽을 사용할 수 있는 시간은 한 해가 지나가는 12월 31일 마지막 날부터 새해 새벽 2시까지고, 이를 지키지 않다 발각되면 큰 벌금이나 사회봉사 활동을 해야 한다.

하지만 통상 12월 28일부터 1월 1일 새벽 오전 5시까지도 불꽃은 펑펑 터지곤 한다. 참고로 네덜란드 사람들은 이 불꽃놀이에 가정당 평균 150~350유로를 지출한다. 지인 중 한 명은 대단위 가족으로 이미 800유로 이상을 구매했다고 한다. 사람들은 점점 더 자극적인 것을 원하기 마련, 독일과 벨기에 블랙마켓에서 거래되는 다이너마이트 급의 불꽃놀이 장비는 국경부터 엄격하게 통제되지만, 간혹 그 위력적인 것들이 동네에서 한두 번은 터지곤 한다.

네덜란드 친구들에게 물어도 왜 이러한 전통이 생겨났는지는 명확하지 않다. 불꽃놀이야 세계적으로 어디에서나 즐기는 것이라 쳐도, 이렇게 각 개인의 과한 불꽃놀이를 즐기는 것은 중국이 대표적인데 네덜란드에서 이러한 모습을 보게 된 건 의외이긴 했다. 그저 개인적인 생각으론, 역사적으로도 매우 평화주의적이고 마음 차분한 네덜란드 사람들이 일 년에 한 번, 마음껏 그 욕망을 분출할 수 있는 하나의 중요한 시간과 의식이기에 그러지 않을까라고 생각해본다.

한 해의 마지막 날 열심히 사무실에서 일하고 있는데, 한 동료가 큰 쟁반에 올리볼렌을 한가득 가져와 내민다. Happy new year의 인사와 함께 새해에는 올리볼렌을 꼭 먹어야 한다는 말이 우리의 떡국을 생각나게 했다.

'올리볼렌'은 말 그대로 '기름 공'을 의미하고, 기름기 가득히 튀겨서 설탕 파우더를 뿌려 먹는 빵이다. 네덜란드에서는 겨울에 거리 곳곳에서 올리볼렌 판매 트럭과 거기에 늘어진 긴 줄을 쉽게 볼 수 있다. 친구들의 SNS에는 각자 집에서 만든 올리볼렌 사진들이 여기저기에 올라온다.

올리볼렌은 밀가루 반죽과 계란, 그리고 이스트를 넣어 뜨겁고 깊은 기름

기름에 튀긴 공 모양의 네덜란드 전통 빵 '올리볼렌'

에 튀기는데 이는 아주 오랜 옛날 네덜란드 지역의 게르만 인들이 전통적으로 해 먹어 온 데서 유래했다는 것이 정설이다. 특히 크리스마스와 새해 즈음에 먹기 시작하였는데, 이는 한겨울에 허공을 날아다니는 죽음의 신 '페히트라'가 큰 이유였다. 페히트라는 큰 칼을 휘두르며 사람들의 배를 가르고 다니는데, 올리볼렌을 먹은 사람들은 그 지방과 기름기 때문에 페히트라의 칼이 배를 베지 못하고 비껴간다고 믿었다.

새해를 맞이하는 모습은 달라도 그 마음가짐은 누구나 같을 것이다. 새로운 기대, 가족의 안녕과 행복, 그리고 개인의 소망에 대한 간절함 등. 시간은 언제나 영원한 평행선을 달리고 있으나, 사람들이 함께 정한 1년이라는 시간 안에서의 마지막 날과 새로운 날을 구분하는 것은 어쩌면 삶에 쉼표가 필요해서가 아닐까 하는 생각이 든다.

네덜란드 새해불꽃축제 및 신년맞이 제대로 즐기기

① 여름 불꽃축제가 있었던 스헤브닝겐에서 동일하게 송년 불꽃축제가 실시된다. 공식 웹사이트에서 일정을 확인한다.
   (http://vuurwerkfestivalscheveningen.com)
② 사람들이 북적이는 공식 축제에 참석하는 것도 좋지만, 숙소가 어느 동네에 인접해있다면 동네에서 진행되는 개인 불꽃축제에 참석하는 것도 좋다.
③ 마트나 문구점에서 크진 않더라도 작은 폭죽을 구입하여 사람들과 함께 한다.
④ 자칫 방향을 잃은 폭죽에 다칠 수도 있으므로 항상 긴장하고 조심한다.
⑤ 올리볼렌을 입이 터지게 오물거리며, 서로에게 Happy New Year를 외친다.

7) Rotterdam International Film Festival (1월)

1972년에 시작된 로테르담 국제 영화제는 생각보다 역사가 길다. 하지만 생각보다 우리에게 그리 많이 알려져 있진 않다. 그도 그럴 것이, 독립적이고 혁신적인 영화를 주로 다루기 때문이다. 그 모험심을 바탕으로 초기 영화, 비디오의 장르에서 최근에는 멀티미디어나 각종 시각 예술 장르로 그 범위를 확장해 왔다. 영화 또한 단편과 장편을 가리지 않는다. 약 600여 편의 영화와 비디오 작품이 출품되고 있으며 매년 30만 명 이상의 사람들이 이곳을 찾는다. 초창기부터 수십 년간은 비경쟁으로 치러졌으나, 1995년 경쟁 부문인 타이거 어워드가 생겼다. 재미있는 것은 이 타이거 어워드는 하나에서 두 개의 영화를 만든 신인 감독을 대상으로 한다는 것이다. 아시아는 물론, 개발도상국의 영화감독을 지원하는 시스템도 갖추어 영화의 진정한 발전을 선도해 나가고 있다. 우리나라 또한 거의 매년 초청을 받고 있으며, 1997년 홍상수 감독의 [돼지가 우물에 빠진 날], 2003년 박찬욱 감독의 [질투는 나의 힘]이 경쟁 부문 최고 영예인 타이거 상을 수상한 바 있다.

로테르담 국제 영화제의 이모저모

2. 가을과 겨울에 즐길 거리들

1) 가을/ 겨울에 방문하면 좋은 곳

위트레흐트의 상징. 네덜란드에서 가장 높은 교회 건물인 돔 타워

– 가을의 색채, 그리고 독특한 운하길 '위트레흐트'

계절은 만국의 공통어다.

추위와 더위를 아울러, 어느 한 계절을 특정할 때 우리는 그곳의 분위기를
미루어 짐작할 수 있다. 이렇게 계절은 기온과 습도를 넘어 그 이상을 표현

하는 우리 인식에 아로새겨진 그림과 같다. 네덜란드라면 누구에게나 잘 알려진 암스테르담 외에 '위트레흐트'라면 낯선 느낌이 강하지만 그곳에서 느낀 '가을'에 대해 이야기하고자 한다면 이미 사람들의 머릿속엔 그 분위기가 떠오를 것이다. 색이 바뀐 나무 잎사귀가 그렇고, 알싸한 듯 상쾌한 가을바람과 공기가 그럴 것이다. 햇살이 떠오르면 한없이 청명한 하늘과 저 멀리, 높이 보이는 구름의 유유한 움직임이 떠오르면서. 위트레흐트의 가을도 마찬가지. 이름은 한없이 낯설어도, 이곳의 가을은 한국의 그것과 다를 것이 없다. 친근하다. 그리고 상쾌하다.

크기로 볼 때 네덜란드에서 4번째로 큰 이 도시는 네덜란드에서 가장 큰 대학교를 품고 있다. 네덜란드 지리적으로 봐도 그 중심에 있어 동서남북의 요충지 역할을 해내고 있고, 문화 행사의 빈도도 암스테르담의 바로 뒤를 잇는다. 그 옛날 스페인으로부터 독립의 물꼬를 튼 것도 1579년 위트레흐트 동맹에 기반을 둔다. 이 점이 네덜란드에겐 가장 중요한 의미로 남아 있을 것이다.

물이 있고, 그 위에 집이나 다리라도 있을라치면 '어디 어디의 베니스'란 말이 나붙곤 한다. 이 말은 네덜란드에게 좀 억울한 말이다. 118개의 섬을 400개의 다리로 이은 물 위의 도시가 베니스라면 바다를 메워 땅 자체를 만들고 홍수를 막기 위해 곳곳에 물길을 낸 운하의 향연이 바로 네덜란드다. 더더군다나 위트레흐트의 운하는 다른 것들과 비교해 좀 더 독특하다. 집으로 치면 지하에 위치한 곳들이 운하와 맞닿아 있고, 이곳이 분위기 좋은 카페나 식당으로 연결이 되어 있어 좀 더 '베니스스러운 곳'이라 평이 나 있다. 팔이 안으로 굽어서 그런가, 베니스와 비슷하다고 하면 고개를 갸우뚱하게 된다. 좀 더 자세히 보면 물과 집이 어우러진 것을 그저 '베니스스럽다'라고 칭하는 것이 못내 맘에 들지 않는다. 네덜란드스럽고 독특하게 위트레흐트스러운 것을 그저 베니스에 빗대어 국한하는 느낌이다.

위트레흐트를 가을을 흠뻑 느끼며 온몸으로 즐기는 방법은 바로 Canal Bike(커널 바이크)다. 각오는 단단했지만 역시나 만만치는 않았다. 1시간 30분이 넘도록 페달을 저어야 했기 때문이다. 뒤따라 오던 몇몇 배들은 오던 방향을 틀어 포기하고 다시 출발선으로 향했다. 오기가 생겼다. 아이들도 한 발 한 발 거들었다. 나 혼자 온몸이 땀 범벅이었지만 즐거워하는 아이들을 보면 힘이 났다. 와이프도 있는 힘을 다해 도왔다. 첫째 녀석과 둘째 녀석은 번갈아 가며 어깨를 주물렀다. 물론, 시원함과는 거리가 멀었지만 녀석들의 그런 모습에 웃음이 났고, 그 웃음의 힘이 다리로 전해졌다. 정말 땅을 디디고 싶다는 느낌이 한 열 번 정도 들 때쯤. 저기 출발선이 보였다. 우리 가족은 해냈다며 서로를 얼싸안았다. 가족 모두 극기 훈련을 경험하며 도착 지점에서 가족애를 단단히 하려 한다면, 꼭 이 커널 바이크를 추천한다. 단, 힘들어서 서로 싸울 수 있는 것도 고려해야 한다.

파리의 연인이나 프라하의 연인은 이름만 들어도 설렌다. 위트레흐트도 낭만이라면 뒤지지 않는다. 다만 위트레흐트의 연인이라 하면 어감이 썩 와닿지 않는다. 더더군다나, 더치 특유의 발음으로 표현하면 중간에 가래 끓는 소리도 들어가야 한다. 어감은 그렇더라도 어느 가을 위트레흐트를 방문하면 그런 편견은 곧 사라질 것이다. 상하층이 나뉜 특유의 운하 길. 그리고 운하 아래, 물과 맞닿은 곳에 펼쳐진 카페와 식당의 삐뚤빼뚤한 테이블과 의자. 운하 아래 햇살을 즐기며 자유롭게 앉거나 누워 이야기를 나누는 사람들. 보트 위에 누워 책을 읽으며 유유히 떠다니는 사람들. BGM을 만들려고 작정한 듯이 여기저기서 울려 퍼지는 거리 악사들의 간드러진 연주까지. 영화는 현실을 반영하여 만들어지지만, 영화 속 한 장면을 동경하는 현실에 사는 우리네들에겐 그 기타 선율 하나하나가 감미로울 뿐이다. 잠시 잠깐, 어느 영화 속 한 장면에 위치한 주인공처럼. '위트레흐트의 연인'이라도 된 것 마냥.

그렇게 가을은 언제나처럼 또다시 온다. 그리고 위트레흐트는 가을을 흠뻑 품을 것이다. 그러면 이곳을 방문할, 방문한 당신은 가을을 맞이한 위트레흐트를 즐겁게 스쳐 지나갈 수 있다.

위트레흐트의 운하는 다른 도시와는 다르다. 운하와 맞닿은 곳에 분위기 좋은 식당들이 즐비하다.

위트레흐트의 운하는 가을과 참 잘 어울린다. 이곳의 분위기는 낭만과 여유의 또 다른 이름이다.

– 신타클라스를 맞이하는 소박한 마을, Enkhuizen(엥크하위전)

한겨울, 신타클라스를 맞이하는 마을은 여기저기에 있다. 특히, 암스테르담은 언제나 모든 국가적 축제일에는 그 중심을 담당한다. 신타클라스를 맞이하는 규모의 '클라스'가 다르다. 하지만 가끔은 그 '중심'이라는 존재를 벗어나 다른 곳을 둘러보면 색다른 것을 얻을 수 있는 기회가 있다. 북서쪽에 위치한 엥크하위전 마을이 그렇다. 면적도 작고 인구는 1만 8천여 명 밖에 안 되지만 느껴지는 분위기가 예사롭지 않다. 'Zuiderzeemuseum(북해 박물관)'이 자리한 곳이기도 하다. 박물관을 둘러보면 네덜란드 사람들의 전통적인 삶이, 바다와 함께 어떻게 어우러져 왔는지를 한눈에 볼 수 있다. 그 안엔 바다와 싸운 흔적도, 그리고 바다와 함께 웃고 운, 말 그대로 희로애락이 깃들어 있다.

신타클라스가 검은 피터들과 함께 배를 타고 들어오는 길목은 꽤 인상적이다. 작지만, 마을로 들어서는 물길의 초입이 사뭇 웅장하다. 작은 성과 같은 건물이 배를 맞이하고, 마을 곳곳엔 세월의 흔적이 고스란한 교회와 집들이 옹기종기 모여 있다. 겨울이고 바닷가라 그 바람의 세찬 정도가 예상하지 못한 수준이지만, 신타클라스를 보기 위한 군중 속에 있으면 추위는 아무것도 아니다. 소박함의 힘은 대단하다. 화려함에 놀라 들떠 있는 것도 좋지만, 차분하게 주위를, 그리고 스스로를 둘러보게 하기 때문이다. 지금도 생각해 보면 남녀노소 신타클라스의 방문을 보기 위해 상기된 얼굴로 우리 가족 주위를 빙 둘러싸고 있던 엥크하위전 마을 사람들의 온기가 생각난다. '관광지'로서는 추천하긴 어렵지만, '여행지'로서는 손색없는 이유다.

– 한겨울에 느끼는 네덜란드 사람들의 의지, 대제방(Afsluitdijk)

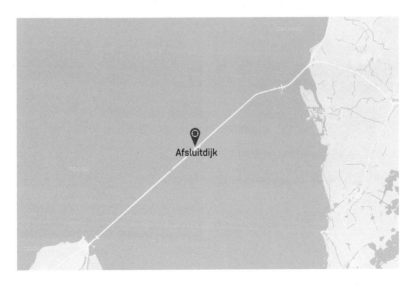

겨울에 대제방을 가는 것은 최악이다. 북해로부터 불어오는 바람이 모든 것을 날려버릴 기세다. 한 번은 겨울에 손님을 모시고 이곳을 방문했다가 거센 바람에 미안한 마음이 든 적도 있다. 그 바람의 거셈이 생각보다 커서, 거짓말 조금만 보태면 높게 점프를 하면 몸이 날아갈 수도 있겠다고 느낄 정도였다. 하지만, 대제방 전망대 아래쪽에 위치한 카페에서 바람에 얼어버린 손을 녹여줄 따뜻한 차 한 잔과 함께 이곳의 의미를 이야기하면, 많이 당황한 손님들의 고개가 끄덕여진다.

북해와 에이셜 호를 가르는 32.5km의 길은 지금은 도로지만 돌 하나하나를 쌓아 만든 제방이라는 것을 생각하면 그 느낌이 다르다(참고로 기네스북에 가장 긴 제방으로 기록되었으나, 2010년 8월을 기해서 33.9km의 새만금 방조제가 그 자리를 대신했다). 그 날씨, 그 바람에 돌 하나하나를 쌓으며 바다를 막고 싸워온 네덜란드 사람들의 불굴의 의지에 다시 한빈 더 감탄하는 기회가 될 것이다.

대제방 전망대 아래쪽에 위치한 벽화. 돌 하나하나를 쌓아 제방을 쌓은 모습을 표현했다.

이제는 긴 도로가 된 대제방. 대제방을 기점으로 왼쪽은 북해, 오른쪽은 에이셜 호다.

2) 가을/ 겨울 먹거리

- 감자튀김은 사랑입니다!

유럽 여행은 걷기다. 걷기로 시작해서 걷기로 끝난다고 해도 과언이 아니다. 네덜란드도 그렇다. 여기저기를 구석구석 다니려면 반드시 걸어야 한다. 혹시라도, 겨울 여행이라면 준비는 단단히 해야 한다. 습하고 매서운 바람이 모직 코트 정도의 두께는 쉽게 뚫곤 하니 방수 소재의 따뜻한 패딩이 제격이다. 그래도 추운 건 어쩔 수가 없다. 여기에 비라도 오거나 다리가 아프거나, 배고프기까지라도 한다면 이건 여행인지, 극기훈련인지 헷갈릴 정도다. 그렇게 걷다 지치면, 암스테르담의 감자튀김 집 앞에 서보자. 그리고 그 냄새를 즐겨보자. 몇 유로를 내고 지친 몸과 영혼을 달래보자. 신기하게도, 배고픈 육체와 서러운 영혼이 위로받을 정도로 맛있다. 허기질 때 온몸을 감싸는 탄수화물의 '기능' 이상으로 말이다.

네덜란드 감자튀김은 정말 다르다. 우리네가 생각하는 패스트푸드점의 그것과는 차원이 다르다. 더불어, 겉은 바삭바삭하고 안은 솜털 같은, 김이 모락모락한 감자튀김을 한 입 베어 물면 그 안도감과 포만감이 일품이다. 한국에서 외국에 가면 김치가 생각나듯이, 네덜란드에서 그래도 몇 년 살아봤다고 다른 나라로 출장을 가거나 하면 감자튀김을 찾곤 한다. 물론, 그 맛이 네덜란드의 그것과 같지 않아 실망하는 경우가 태반이다.

그래서 난 네덜란드 감자튀김은 감히 '사랑'이라 표현하고 싶다. 그래서 예전 블로그에 남긴 글을 그대로 옮겨보고자 한다. 네덜란드 감자튀김이 왜 맛있는지, 그 유래는 무엇인지, 그리고 어떤 존재인지를 알 수 있다.

감자튀김은 사랑입니다!

"라면이나 자장면은 잦복을 하게 되면 인이 박인다. 그 안쓰러운 것들을 한동안 먹지 않으면, 배가 고프지 않아도 공연히 먹고 싶어진다. 인은 헛바닥이 아니라 정서 위에 찍힌 문양과도 같다. 세상은 자장면처럼 어둡고 퀴퀴하거나, 라면처럼 부박하리라는 체념의 편안함이 마음의 깊은 곳을 쓰다듬는다."
 -김훈 '라면을 끓이며' 중에서-

한국 출장을 잠시 온 틈을 타 내가 달려간 곳은 서점이다. 그곳에서 만난 김훈 선생님의 신간 '라면을 끓이며' 글귀를 보고 있노라니 내 머리 속에 스친 두 가지는, 범접할 수 없는 그분의 글쓰기 능력에 대한 존경심과 네덜란드의 감자튀김이었다.
그분에 대한 존경심은 당연한 것이겠고, 그럼 왜 감자튀김이 생각났을까?
긴 설명 필요 없고, 왜 감자튀김인지 네덜란드에 사는 'Jan van KH'작가의 인용글을 보도록 하자.

"감자튀김은 잦복을 하게 되면 인이 박인다. 그 안쓰러운 것들을 한동안 먹지 않으면, 배가 고프지 않아도 공연히 먹고 싶어진다. 인은 헛바닥이 아니라 정서 위에 찍힌 문양과도 같다. 세상은 맛없게 튀겨진 감자튀김처럼 질척하거나, 잘 튀겨졌어도 그저 가벼운 존재일 뿐이라는 체념의 편안함이 마음의 깊은 곳을 쓰다듬는다."
 -Jan '감자를 튀기며' 중에서

눈치챘겠지만 'Jan van KH'는 급조한 가상의 인물이며, 그가 쓴 글은 김훈 선생님의 고귀한 글귀에 감자튀김을 잠시 넣어봤을 뿐이다. 그런데, 그런데도 어색하지가 않다는 것이 나로 하여금 그 글을 읽었을 때 감자튀김을 떠올리게 했다.
누구나 먹을 수 있으며, 식사를 대용할 수도 있고, 배불러도 또 먹을 수 있으며, 옆에서 누가 먹으면 한 젓가락/ 한 조각 먹고 싶은, 그리고 가난한 자와 여행하는 자의 영혼의 공허함과 육체적 허기를 함께 달래 줄 수 있는 가볍지만 어쩔 수 없이 찾게 되는 그 두 존재의 놀라우리만큼 같게 느껴지는 '동질성'.

감자튀김은 네덜란드뿐만 아니라, 유럽 전역에서 공통으로 많이 즐기는 음식이다. 우리나라가 쌀을 통해 탄수화물을 섭취하듯이, 유럽 사람들은 빵과 감자를 통해 그것을 섭취해왔다.

네덜란드에서 감자튀김은 '프리츠(Frites)'라고 부른다. 우리가 알고 있는 '프렌치프라이'라고 부르지는 않는다. 우리가 아는 '프렌치프라이'는 미국으로 건너간 벨기에 이민자들을 통해 전해졌다는 설이 가장 유력하다. 벨기에는 북쪽(플란더스) 더치권과 남쪽(왈로니아) 불어권으로 나뉘는데 불어를 쓰는 왈로니아 사람들로 인해 '프렌치프라이'가 탄생한 것으로 보인다.

이 유력한 가설에 의하면, 벨기에 뮤즈 계곡의 주민들이 작은 물고기를 튀겨먹다 물이 얼어 물고기를 잡지 못하자 감자를 그 크기대로 잘라서 튀겨먹은 것이 감자튀김의 유래라 한다.

그렇다면 결국 네덜란드의 감자튀김은 벨기에에서 온 것이 된다. 벨기에도 네덜란드로부터 독립한 것이니 전혀 연관이 없는 나라라고는 할 수 없다. 그래서 네덜란드 안에서도 가장 유명한 감자튀김 체인점 이름이 "마네킨 피스"다. "마네킨 피스"는 벨기에에서 유명한 오줌싸개 동상을 가리킨다.

먹어본 사람들은 알겠지만, 네덜란드 감자는 정말 맛있다. 우리가 아는 패스트푸드점의 그것과는 차원이 다르다. 6mm에서 15mm까지 이르는 두툼한 두께와, 바삭한 겉 안에는 솜털 같이 부드러운 감자의 속살이 숨어 있다. 길쭉한 모양으로 썰기 좋은 '빈쪄(Bintje)'라는 감자를 사용하는 것이 네덜란드 감자가 맛있는 이유 중 하나지만, 프렌치프라이와는 달리 160도의 기름에서 살짝 익혀주고 조금 식힌 뒤 180도의 고온에서 한 번 더 튀기는 그 과정이 네덜란드 감자의 맛을 완성하는 비결로 보인다.

화룡점정은 마요네즈와 함께 완성되는데, 생각만 하면 느끼하고 맛이 없을 것 같지만, 한 번 빠져들면 토마토케첩은 잊힐 정도다. 물론, 프리츠에 뿌려지는 마요네즈는 일반의 그것과는 달리 좀 더 달고 고소한 맛이 난다. 더불어 마요네즈, 케첩, 양파, 갈릭소스, 카레소스, 타르타르소스 등 기호에 맞는 토핑들이 그 맛의 다양함을 가능하게 한다.

유럽 여행은 걷기로 시작해서 걷기로 완성된다. 한없이 걷다 보면 중세시대와 현재를 오가고, 아름다운 자연과 하나 됨을 경험하기도 한다. 그 와중에 엄습하는 허기는 영혼과 육체로부터 오는 그것으로, 깔때기에 받아 든 감자튀김을 얼른 집어 들어 한 입 베어 물면 입안은 물론 몸 전체에 퍼지는 위로가 일품이다. 그래서 난 감히 네덜란드 사람들에게는 감자튀김이라는 '인'이 박였다고 말한다. 실제로 우리가 라면을 먹듯이, 식사대용으로 많이 먹는 모습을 당연하게 볼 수 있다.

네덜란드에서 가장 맛있게 먹은 음식이 감자라니. 네덜란드 음식 문화가 그리 화려하지 않다는 것도 한 가지 이유겠지만, 그런데도 감자튀김이 정말 맛있긴 하니 뭐라 다른 음식을 찾아 말하기가 쉽지 않다.

간단하고 소박하지만, 곁에서 우리 속을 완벽히 달래 주는 라면과 감자튀김이야말로, '사랑'이 아닐까.

– 네덜란드의 달콤한 속삭임, 더치 스트룹 와플(Stroopwafel)

따뜻한 커피잔이 있다. 그 위를 뚜껑처럼 덮고 있는 격자무늬 모양의 과자. 따뜻한 커피의 기운이 그 과자에 스며들어, 마침내 과자 사이의 시럽이 끈적해진다. 그것을 한 입 베어 물어 너무나 달콤한 속삭임에 넘어갔다고 생각하는 찰나, 커피 한 모금으로 그 맛을 중화하면 세상 어디에도 없는 달콤 쌉싸름한 시간이 된다.

'스트룹'은 더치어로 '시럽'을 뜻한다. 얇은 과자 사이에 넣은 시럽이 잔잔하게 녹을 때까지 기다리는 네덜란드 사람들의 여유가 돋보이는 이 간식은, 우리나라에서도 이미 많이 유명해져 있다. 손수 이 스트룹 와플을 만들어 주는 곳에 가면, 얇고 따뜻한 과자 원단을 반으로 잘라내어 흘러내리는 시럽을 발라준다. 즉석에서 즐기는 따뜻한 스트룹 와플의 맛은 그야말로 신세계다. 날씨가 춥기라도 한다면 온몸을 달콤함으로 데워주는 느낌이다. 19세기 하우다 지역에서 빵을 만들다 남은 부스러기로 만든 것이 시초가 되었고, 이제는 네덜란드의 국민 간식으로 자리매김하고 있으니, 우리의 모습이 부스러기와 같이 초라하더라도 꿈을 잃지 말아야 한다는 비약적인 생각마저 들게 한다.

얇은 와플을 다시 한 번 더 얇게 썰어내어 가운데 달콤한 시럽을 듬뿍 바른다.

저자 강력 추천

　살아가다, 여행하다, 맛보다가……문득 너무 좋은 것을 만날 때면 '이건 정말 나만 알고 싶다'라는 생각이 들곤 한다. 네덜란드에서도 그러한 것들이 꽤 있다. 앞서, 계절에 따라 가볼 곳이나 볼거리, 먹거리 등을 소개했지만 계절에 상관없이 언제 가더라도 진리인 몇몇 장소를 소개하고자 한다. 혹, 네덜란드를 방문했을 때 다음의 곳들을 방문한다면 분명 조금은 다른 네덜란드 여행이 될 것이다. 그리고 네덜란드를 좀 더 많이 알고 느끼게 되는 소중한 기회가 될 것이다.

　– 이상한 나라의 마우든 (Muiden)

이 보물 같은 작은 마을을 만나게 된 건 업데이트 되지 않은 내비게이션 때문이었다. 그래서 더 특별하게 다가왔는지도 모른다. 운전을 하던 중, 내비게이션이 길을 잃었다. 지도상에 내가 어디에 있다는 것을 모른 채 GPS는 헤매고 있었고, 도로 어귀를 지나 난 이미 작은 마을 안으로 들어가고 있었다. 잠시 잠깐 지나치던 마을의 느낌이 너무 좋았다. 길을 잃고 내비게이션이 제정신이 아닐 때 나던 짜증이 거의 느껴지지 않을 만큼.

몇 주 뒤. 가족과 함께 근처 어딘가에 있다는 '성(城)'을 찾아 떠난 날, 도착한 그곳이 내가 길을 잃어 헤맨 곳이었단 걸 알았을 때 뭔지 모를 반가움과 신비로움이 함께 몰려왔다. 느낌이 너무 좋아 다시 찾아가고 싶었지만 길을 잃어 지나간 곳이라 어느 곳인지 당최 감이 오지 않았었기 때문이다.

이 작은 마을의 입구를 따라가면 중세시대로 접어드는 느낌이 든다. 마을을 가로지르는 운하를 건너가기 위해서는 아담한 다리를 맞이하는데, 각종 요트와 크고 작은 배들이 정박하는 곳이라 다리가 수시로 열린다. 열리는 방식이 주로 쓰이는 개폐식이 아니라, 회전식이어서 다리가 돌아가기 전 울리는 종소리는 모든 사람의 이목을 집중시킨다. 운하에 열 맞춘 레스토랑의 테이블에 앉아 맛있는 식사와 맥주를 즐기며, 이 다리가 회전하는 모습과 이를 기다리는 차량과 사람들, 자전거의 행렬을 보는 재미가 쏠쏠하다.

마을의 좀 더 안쪽에는 'Muiderslot(마우든 성, www.muiderslot.nl)'이라는 고성(古城)이 있는데 아담하고 소박하지만, 중세 시대의 헤리티지를 느끼는 데는 부족함이 없다. 성을 나와 발걸음이 자연스럽게 이어지는 골목을 따라가면, 예상치 못한 커다란 물가와 초원이 나온다. 나는, 이곳을 정말 사랑한다. 사랑하다 못해 갈망한다. 그저 한 폭의 그림이라면, 훔쳐가고 싶을 정도다. 커다란 나무 아래 외로워 보이는 나무 의자. 그곳에 앉아 살랑이는 바람의 소리를 들으면 세상만사가 평화롭다. 저 멀리 보이는 초원과 물결은 형용할 수 없는 무엇이다. 어느 시골 어귀에서라도 볼 수 있는 장면이라고 해도, 실제로 보면 잔잔해서 더 놀라운 광경이다.

길을 잃어 처음 만난 그곳의 기억은, 그래서 나로 하여금 '이상한 나라의 마우든'을 떠올리게 한다.

- 밤의 테라스를 만날 수 있는,

크뢸뢰 뮐러 미술관 (Kroller Muller Museum)

이름마저 생소한 이 미술관을 가는 방법은 쉽지 않다. 이름 이상으로 그 여정은 생소하다. 네덜란드의 최대 국립공원인 '호혜 벨루베(Hoge Veluwe)' 중심에 위치하고 있어 대중교통으로는 접근하기가 쉽지 않다. 기차역에서 내려 한참을 걸은 뒤, 공원 입구에서 자전거를 타고 30분을 가야 한다. 그래서 차를 가져가는 것이 좋다. 이곳 하나만을 가기 위해서라도 차를 빌리는 건 아까운 일일까? 아니, 가기 힘들다고 이곳을 안 가는 것이 아마 더 '안타까운' 일이 될 것이다. 대중교통이든 렌터카든, 일단 이곳은 무조건 가야 한다. 물론, 네덜란드를 하루 이틀 들렀다 가는 사람들에게 추천할 코스는 아니지만, 그래도 보고 나면 내가 왜 이토록 열변하는지 이해가 될 것이다.

우선 공원 자체가 아름답다. 자전거를 타고 가는 내내 행복하다는 탄성이 나올 것이다. (물론 날씨가 좋지 않을 때는 그 '탄성'이 나오리라고는 생각하지 않는다. 차를 몰고 가도 주차장에 세우고, 무료 자전거를 마음껏 탈 수 있다. 그러니, 가능한 렌터카를……) 그리고 무엇보다, 반 고흐의 '밤의 테라스'를 만날 수 있는 곳이다. 반 고흐 미술관에서도 만나보지 못한 그림이니 그 가치가 더해진다.

이 미술관은, 미술작품 수집가 H.크뢸러 뮐러 부인의 소장품을 기증받은 네덜란드 정부가 그 작품을 보관, 전시하기 위해 설립한 미술관이다. 1938년에 지어져 19세기와 20세기 근대 미술이 800여 점의 컬렉션으로 소장되어 있다. 큰 규모의 조각 공원도 함께 즐길 수 있어 다양한 예술작품에 흠뻑 취할 수 있다.

예술작품에 흠뻑 취해서 타는 자전거의 그 맛이 바로 크뢸러 뮐러 미술관의 매력이다. 목적지를 정하지 않아도 만나게 되는 아름다운 자연과 곳곳에 위치한 야외 테라스의 카페에서 목을 축이다 보면 지상낙원의 희열을 고

스란히 느낄 수 있다. 배도 채우고, 운동도 하고, 무엇보다 영혼이 가득해진
이 느낌을 간직한다는 건 네덜란드를 알게 된 축복이자, 네덜란드가 준 선
물이라고 생각한다.

박물관 근처에서 자전거를 무료로 대여해주고 있다.

반 고흐의 대표적인 작품들.

그림뿐만 아니라 다양한 조각 작품도 감상할 수 있다.

- 다양한 볼거리의 아름다운 추억,
  풍차 마을 (잔세스칸스 Zaanse Schans)

　18세기까지만 해도 700개가 넘는 풍차가 곳곳에 만연했던 네덜란드는 상업혁명의 기계화에 밀려 관광용으로 몇 개 남아 있는 것이 전부다. 네덜란드에서 풍차를 볼 수 있는 이른바 '풍차 마을'은 대표적으로 '킨더다이크(Kinderdijk)'와 '잔세스칸스(Zaanse Schans)'가 있다. 우리에게 잘 알려진 풍차 마을은 잔세스칸스다. 킨더다이크는 유네스코 문화재로 지정이 되어 있어 다른 유럽 사람들에게 더욱 유명한 곳이다. 그런데도 잔세스칸스를 더 추천한다. 접근성도 그렇고 다양한 볼거리가 더 많기 때문이다. 게다가 킨더다이크는 날씨가 좋을 때만 개장하지만, 잔세스칸스는 사시사철 공식적으로 문을 열어 관광객을 맞이한다.

　잔세스칸스는 풍차 마을로 알려져 있지만, 실제 가보면 다양한 볼거리가 있다. 네덜란드의 나막신 클롬펀 박물관이 있고 그 안에서 클롬펀을 만드는 모습도 재연한다. 더불어 실생활에서 신을 수 있는 다양한 클롬편을 구경하고 신어볼 수도 있다. 물론, 판매하는 것들이니 마음에 들면 사서 신어도 좋다.

또 하나, 잔세스칸스에는 치즈 상점이 있는데 이곳 또한 치즈를 만드는 과정을 구경할 수 있다. 무엇보다 좋은 점은 수많은 치즈를 구매할 수 있는 상점 안에서, 다양한 치즈를 맛볼 수 있다. 맛보기용으로 늘어진 치즈를 하나하나 즐기다 보면 어느새 배가 부를 정도다. 평소에 생긴 것만 보고 어떤 맛일지 몰라 과감하지 못했던 사람들에게는 어느 때보다 좋은 경험이 될 것이다.

치즈 상점을 나오면 마침내 풍차가 보인다. 생각보다 몇 개 없지만 그 모습이 허전하지 않다. 오히려 느껴지는 여백의 미와 바람이라도 강하게 불면 돌아가는 그 모습들이 유유하다. 네덜란드의 풍차는 바람의 방향에 따라 그 방향을 바꿀 수 있도록 설계되어 있다. 해서, 여러 번을 방문하게 된다면, 갈 때마다 방향이 틀어진 풍차를 볼 수 있게 된다. 풍차 내부를 견학할 수 있는 풍차도 있는데, 풍차로 올라가는 길이 험하고 사다리로 오르락내리락 하게 되니, 혹시라도 치마나 불편한 옷을 입었다면 다음 기회를 기약하는 것이 좋다.

눈으로 보기에는 몇 대 없는 풍차 때문에 잠시 실망할 수도 있지만, 일단 사진을 찍어보자. 그러면 생각이 달라질 것이다. 어디에서나 보았던 엽서 사진이 각자의 사진기에 찍혀 있을 것이기 때문이다. 눈으로 보면 허전한 것이, 앞서 말한 대로 사진을 찍으면 여백의 미가 된다. 다양한 상점과 기념품 가게를 들어가면 새로운 작은 세상을 만나는 재미도 쏠쏠하다.

내게 가장 좋았던 기억은 여름에 운행하는 크루즈를 탔던 것이다. 잔세스칸스를 가로지르는 강을 50여 분간 돌아오는 코스다. 원래 크루즈라는 게 타고 난 다음 10분 정도만 좋고 그 이후에는 지루한 것이 사실이다. 암스테르담 크루즈도 마찬가지. 하지만 잔세스칸스에서 타는 크루즈는 조금 더 색다르게 즐길 수 있는데, 배 안에서 파는 와인 한 잔을 들고 배의 후미로 가는 것이다. 후미에는 지붕이 없다. 바람을 곧이곧대로 맞이한다. 마치 내가 소유한 요트를 타고 어딘가를 가는 것 같다. 지친 삶이 내게 주는 선물과도 같은 시간을 즐길 수 있다. 많은 관광객이 암스테르담 다음으로 많이 가는 곳, 그만큼 접근성이 좋으니 네덜란드에 왔다면 한 번은 꼭 방문하는 것이 좋다. 날씨라도 좋을라치면, 크루즈도 꼭 타보자. 와인 한잔을 배의 후미에서 마셔보자. 그리고 그리워질 그 날을 소중하게 추억으로 간직하고, 힘든 일상을 맞이할 때 한 번씩 그 추억을 꺼내어 보자. 네덜란드로 여행을 온 보람이 있을 것이다.

풍차마을 전경. 풍차의 날개는 바람이 불어오는 쪽으로 방향을 바꿀 수 있다.

네덜란드 전통 나막신인 '클롬펀' 박물관.

치즈 상점에 들어서면 다양한 치즈를 만날 수 있다. 선물용으로 구입하기에 딱 좋다. 시식은 덤이다.

여행 Tip

① 잔세스칸스
 - 별도 입장료는 없다. 차를 가져갈 경우 하루 10유로의 주차비만 내면 된다.
 - 입장하여 클롬펀(나막신) 박물관, 치즈 박물관을 보고 난 후 풍차를 감상
   하면 좋다.
 - 암스테르담 중앙역에서 15분 간격으로 운행되는 391번 버스를 이용하면
   손쉽게 갈 수 있다.(소요시간 40분. 상세정보 www.bus391.nl)

② 킨더다이크
 - 킨더다이크는 입장료와 크루즈 비용이 별도다. 입장료는 어른 8유로, 아이
   5유로 수준, 배를 타고 둘러본다면 종류에 따라 20유로 이내 비용으로
   투어가 가능하다.
 - 가급적 점심시간 이전에 가는 것이 많이 붐비지 않고 좋다.
 - 암스테르담 중앙역에서 107km 떨어진 거리로, 차를 이용하면 약 1시간이
   조금 넘고 대중교통을 이용할 경우 기차와 버스로 2시간 넘게 걸린다.
   잔세스칸스와 킨더다이크를 한 번에 둘러보려면 차를 렌트하는 것이 좋다.
   둘 중 하나를 보더라도 말이다.

– 암스테르담과 네덜란드 진수 느끼기

1) 암스테르담의 삐뚤빼뚤한 집을 마주한 운하에 걸터앉아 감자튀김 즐

기기

유명한 도시를 방문하면 꼭 해야 하는 것이 있다. 파리를 가면 에펠탑 앞에서 사진을 찍어야 하고, 뉴욕에 가면 뉴요커와 같이 브런치를 먹는다든가 하는 것. 암스테르담도 홍등가와 올드타운을 걸어야 하다는 판에 박힌 공식이 있지만, 나는 여기에 또 하나를 추가 하고 싶다. 암스테르담 중앙역을 등지고 왼편 대각선 쪽에는 커널 크루즈 타는 곳이 있는데, 여기서 바라본 암스테르담의 삐뚤빼뚤한 집은 예술이다. 암스테르담을 온몸으로 상징하고 설명하는 이 풍경은 소소하지만 개성 있다. 여기에서 사진을 찍으면 찍는 족족 작품이 되니, 사진은 기본으로 찍어야 한다. 그리고 감자튀김 하나를 사서 이 운하에 걸터앉아, 그 커널 하우스를 마주하는 순간 당신은 온몸으로 암스테르담을 즐길 수 있다. 어느 관광 책자에도 나오지 않는 팁이니 부디 온몸으로 느끼고 즐겨 보시길.(사진 찍는 것은 계절이나 날씨에 상관없지만, 걸터앉아 감자튀김을 즐기는 건 날씨 좋을 때 하기를 추천한다.)

2) 네덜란드 환상의 드라이브 코스

Amstelveen Nesserlaan ~ Amsteldijk Zuid로 이어지는 드라이브 코스

그 어떤 절경도, 어마어마한 크기의 건축물도 이곳을 따라올 수 없다. 거듭 이야기하지만 네덜란드는 참 소소하다. 사람들은 자연이 빚은 거대한 폭포에 심장이 쿵쾅대고 하늘을 찌를 듯한 높이의 첨탑이 있는 건물에 압도당한다. 그런 것을 볼대로 본 사람들, 즉 여행에 굳은 살이 박힌 사람들이 이 드라이브 코스를 즐기고 차에서 내려 스쳐 지나가는 바람 소리를 듣는다면 더없는 감동이 있을 거라 확신한다. 일단 지나가봐야 한다. 그리고 서봐야 한다.

그리고 듣고 사색에 잠겨 봐야 한다. 내가 왜 이리 정신없이 사는지에 대해 반추할 수밖에 없게 만든다. 과장처럼 들린다면, 제발 단 한 번만 이곳 벤치에 앉아 잠시 눈을 감고 나무 사이로 스쳐 지나가는 바람 소리를 들어보기를. 그리고 눈을 떠 눈앞에 펼쳐진 목초지와 평야, 유유히 떠다니는 백조와 오리 뒤로 풀을 뜯는 소와 양을 바라보기를 바란다. 네덜란드의 매력은 이러한 모든 것이 특별한 곳이 아닌, 일상에 도사리고 있다는 것이다.

관광 앱에서 볼 수 있는 순위의 기준보다는, 살지 않으면 모르는 맛집을 소개한다. 이미 유명해지기도 했지만, 다음 세 가지의 것은 현지 주민들이 더 사랑하는 맛이면서도 또 네덜란드 사람들조차 아직 몰라 한 번 경험하면 놀라는 곳들이다. 한국에서 온 손님들을 모시고 가면 결과는 말하지 않아도 뻔할 정도로 만족도가 높은 곳. 네덜란드 맛집. 성공적.

1) 환상적인 치맥을 즐길 수 있는 "Bierfabriek"

들어서자마자 분위기가 심상치 않다. 온 바닥에는 땅콩 껍질이 수북이 나뒹굴고, 직접 brewing을 하는 수제 맥주 기계들이 사방을 둘러싸고 있다. 'Bier'는 맥주를, 'Fabriek'는 공장을 뜻하는 말이기에 이름의 뜻을 알면 고개가 끄덕여진다.

시키면 얼마 지나지 않아 나오는 통닭구이는 정말 맛있다. 직접 먹어봐야 안다. 유기농이라는 이름 아래 닭은 크기가 크지 않고 살이 매우 연하다. 수제 소스도 그 맛을 더하고 세 가지 색깔의 맥주와의 조화는 일품이다. 닭이

나오기까지 땅콩껍질을 까서 테이블 아래로 버리는 것은, 일상을 벗어난 작은 일탈이자 여행의 전주곡과도 같다.

2) 네덜란드 스테이크의 자존심 "Loetje"

이런 스테이크는 처음이었다. 국물도 아닌 것이, 스테이크 주위에서 출렁인다. 스테이크용 버터였다. 여기에 인도네시아에서 온 조금은 매콤한 소스를 얹으면 '발리 스테이크'가 된다. 물론, 매콤한 소스를 얹지 않은 메뉴도 있다. 고기가 매우 연해서 입안에서 녹는다는 표현이 자연스레 떠오른다. 매우 유명해서 암스테르담 중앙역, 시내에도 있지만 추천하는 식당은 "Loetje aan de Amstel"이다. 탁 트인 운하와 야외 테라스에서 오감을 만족시킬 수 있다. 아, 또 하나. 식빵 몇 개를 시켜 소스에 담근 후 스테이크에 싸서 먹으면 이것을 소개해 준 저자에게 고마워할 맛을 경험하게 될 것이다.

3) 150년 전통의 더치 펜케이크 "Boerderij Meerzicht"

이미 앞서 소개했지만 한 번 더
강조한다. 더치 팬케이크를 제대로
경험해보는 것은 매우 중요하다. 차
라리, 다른 곳에서 먹어보고 이곳에
와보는 것도 좋겠다. 관광 앱이나
책자에도 잘 나오지 않지만, 네덜란드 사람들이 평화롭게 주말 점심을 가족
단위로 즐기는 명소다. '나만 알고 싶다'는 마음이 괜히 드는 것이 아니다. 긴
말 필요 없이, 한 번 경험하게 되면 그 맘을 이해할 것이라 믿는다. 아, 레몬
슈가 팬케이크는 반드시 먹어봐야 할 소중한 맛이자 경험이다.

"비로소 멈추어 보다"

잠깐 멈추라 합니다.

뭘 위해 이리 바쁘게 가냐고 묻습니다.

생각해봅니다.

그래, 무엇 때문에 이리 바쁘게 가고 있을까?

전력질주만을 하다 숨이 턱까지 차올라 멈춥니다.
우리네에게 있어 멈춘다는 것은 큰 두려움입니다.

비로소 멈춰 봅니다.
비로소 보입니다.

달려온 길이 보이고,
달리고 있는 길이 보이고,
저 앞에 달려야 할 길이 보입니다.

전력질주를 멈춰보니,
드디어 주위가 보입니다.

저 멀리 드넓은 초원과 한가로이 풀을 뜯는 양과 소.
그리고 마침내 들리는 찬란한 바람소리.

이렇게 네덜란드는 나에게 멈춰보라고 말합니다.
그리고는 둘러보라고 말합니다.

내가 바라고 바라던,
부러워하고 부러워하던,

초원 한 가운데 서 있는,

그림 속의 그 사람이 바로 나라는 것을

아무렇지도 않은 듯 나에게 속삭입니다.

조금씩 속도를 내고,

전력질주를 또 해야 하겠지만,

언제라도 잠시 멈추어 주위를 볼 수 있는,

일상을 깨달을 수 있는 신호를 수시로 보내는 이 곳.

나는 지금 네덜란드에 있습니다.

Part 4. 진짜 네덜란드 이야기

네덜란드를 좀 더 알아보는 시간

네덜란드는 작지만 많은 궁금증을 자아내는 나라다. 이 작은 나라가 세계를 주무르고 자신의 언어가 있으며, 지금도 경제 대국으로 또 행복지수가 높은 나라로 유지된다는 건 예사롭지가 않다. 몰랐으면 넘어갔을 것들이지만, 그래서 네덜란드는 새롭게 볼 것들이 많다. 이방인의 눈으로 바라본 그네들의 삶은 참 재미있다. 여기, 그들의 일상을 들여다보며 궁금하거나 흥미로운 것들을 정리해보았다. 좀 더 그들을 이해하기 위해, 좀 더 이곳을 사랑하기 위해.

사람에게 귀가 두 개, 입이 하나인 이유는 무얼까?

설득력 있는 대답 중 하나는 두 번 듣고 한 번 말하라는, 절대자의 심오한 뜻에 기반을 둔 해석이다. 또는 사람이 진화하면서 환경에 적응하는 이른바 자연선택설로도 시도는 가능하다.

세상만사 다 이렇게 모든 것에는 이유가 있고, 그 뜻이 있고, 뒷이야기가 있을 것이다. 물론, 사람의 귀와 입이 몇 개인지에 대한 것은 그것이 왜인지 나중에 절대자와 대면할 때 알게 될 일이기에, 나는 오늘 내가 알게 된 확실한 것에 대해 그 이유와 이야기를 전해보고자 한다.

앞서 제목을 '암스테르담 집들은 왜 기울어져 있을까?'로 명시했다. 네덜란드 집 전체가 기울어져 있다는 이야기는 아니다. 보통의 네덜란드 집은 마을을 이루고 있는 그곳에 열을 지어 지어진 모양새다. 물론 네덜란드에도 아파트나 단독주택은 물론 보트하우스 등 다양한 형태의 집이 존재한다. 가장 보편적인 집들을 보면 3층으로 이루어져 1층은 주방과 거실, 2층은 방 두세 개, 3층은 다용도실 또는 게스트 룸으로 쓰는 것이 대부분이다. 집 앞과 뒤로 작고 큰 전용 공간이 있으며, 네덜란드 사람들은 그 공간을 가꾸는 것을 좋아한다. 잘 가꾸는 집의 경우는 그 크기를 막론하고 정원 역할을 충분히 해낸다.

재미있는 것은, 사람들이 1층의 커다란 창문을 가리지 않고 그대로 개방한다는 것이다. 가끔 동네 주변을 산책하러 나가면 주방에서 요리하는 사람이나 거실에서 대자로 누워 TV를 보는 사람들과 눈이 마주쳐 멋쩍게 지나치곤 한다. '이렇게 멋쩍을 거 왜 이렇게 커튼을 안 치고 사나?' 하는 생각이 들 정도다. 역사적으로는 종교의 영향으로 인해 '나는 하늘에 부끄럼이 없다'라는 의미가 있다는 설과, 중세시대부터 내려온 '나는 왕에게 역모를 꾸미지 않는다'는 것을 보여주기 위해서라는 설도 있다.

자. 우리는 네덜란드에 도착했다. 짐을 풀고 나서 가장 유명한 암스테르담 시내로 향한다. 동화에서나 나올법한 집들이 빼곡하다. 어라? 어째 집들이 삐뚤빼뚤, 다닥다닥, 게다가 어떤 집들은 앞으로 심하게 기울어져 있다. 오래된 집이라 기울었나? 하는 생각도 잠시. 암스테르담 구석구석을 돌아다니다 보면 거의 모든 집이 그러하다.

둘 중 하나가 아닐까? 건축가가 설계를 잘못했거나, 또는 집을 쌓아 올리다 졸았거나. 아니면 지반이 바다를 메운 땅이라 약해서 집이 무너지고 있거나 기울었거나.

실제로, 암스테르담을 방문한 사람 중에는 건물이 오래되어서 저렇게 기울어진 것이 아닌가 하고 생각하는 사람이 대부분이다. 이곳에 온 손님들에게 물어도, 처음엔 기울어져 있는지 몰랐다고 하고, 그것을 알고 난 다음부터는 무너지면 어떡하냐는 걱정을 할 정도다. 이러한 모양새의 집들은 암스테르담 시내, Canal 주변으로 이어져 있어 'Canal House(커널 하우스)'로 불리기도 한다.

서두에서도 이야기했지만, 여기에도 다 이유가 있을 거란 생각이 들었다. 왜, 암스테르담 집들은 이렇게 기울었을까? 게다가 네덜란드 다른 지역 집들은 그렇지 않은데……

일단 앞에 언급한 암스테르담 'Canal House'의 특징을 다시 한번 더 살펴보자.

첫째, 집의 면적이 '좁고', '높다'.
둘째, 다닥다닥 붙어있다.
셋째, 창문의 크기가 크다.
넷째, 집 꼭대기에 무언가가 달려있다.
다섯째, 그리고 대개 앞으로 기울어져 있다.

일단 이곳이 네덜란드라는 곳을 상기해보면 몇 가지 이유가 설명된다. 네덜란드는 땅을 지독하게 개간한 나라이며, 특히 암스테르담이 개간된 땅의 중심이다. 땅이 귀하니, 이곳의 땅값과 세금이 높은 것은 당연한 일이 되었다. 각 집에 부여되는 세금은 전체적인 크기가 아닌 면적에 비례하게 되었고, 때문에 '좁고 높은' 집이 탄생하게 된다. 더불어, 개간한 땅이니 지반이 약해 집들이 서로를 기대게 만들어 놓았다는 것은 쉽게 이해되고 만다. 어쩌면 '땅'보다 '면적'이 더 귀하다고 봐야겠다. 이로써 첫 번째와 두 번째 특징에 대한 이유가 설명되었다.

그렇다면 나머지 세 가지 특징은 어떻게 설명할 수 있을까?

세 번째와 네 번째, 그리고 다섯 번째는 한 번에 설명이 되어야 한다. 자, 우리가 암스테르담 시내의 집으로 이사를 하게 되었다고 가정해보자. 냉장고나 소파, 세탁기 등의 커다란 집기는 어떻게 옮겨야 할까? 현관으로는 그 커다란 집기들이 들어가지 않을뿐더러, 들어가더라도 내부에 있는 좁디좁은 계단으로 그 무거운 것들을 옮길 순 없다. 무엇보다 공간이 허락을 하지 않는다. 그래서 네덜란드 사람들은 건물 꼭대기에 도르래를 설치해 큰 물건들을 끌어올려 커다란 창문으로 밀어 넣는 방법을 생각해 낸다. 이와 더불어, 건물이 평평하게 서 있으면 그 물건들이 벽에 부딪히게 되므로 건물 외벽을 앞으로 기울어지게 설계를 한 것이다. 커다란 창문은 햇볕이 귀한 네덜란드 날씨의 특성에 맞게 채광을 극대화하기 위한 목적도 있다.

우리는 때로, 보이는 것에 대해 속단하는 경향이 있다. 네덜란드의 암스테르담 건물들도, '왜'라는 질문과 이유에 대한 고찰 없이는 그저 잘못 설계되고 오랜 세월에 기울어져가는 건물로 치부될 수 있다.

이는 사람도 마찬가지다. 저 사람이 왜 저랬을까, 왜 저렇게 행동하고 생각할 수밖에 없었을까를 생각하다 보면 사람을 이해하는 정도가 커지고 내가 받는 상처는 줄고 기쁨은 커질 수도 있다.

하지만, 그보다 더 중요한 것.

집이 기울어져 있는 데에도 모르고 지나가는 무관심. '왜'라는 생각을 하지도 못하는 우리의, 아니 나의 부족한 마음의 여유와 생각들을 돌아보는 것이 더 급하다.

오늘은 이제보다 좀 더.

내일은 오늘보다 좀 더 자세히 봐야겠다.

내게 주어진 모든 것들을.

P.S

한 가지 더.

집들이 앞으로 기운 것뿐만 아니라 삐뚤빼뚤한 이유. 면적으로 세금을 매기다 보니 아래 면적은 작게, 그러나 위로 갈수록 면적을 좀 더 크게 짓는 집들이 생겨나기 때문이었다는 것. 사람의 욕심(?)이 빚어낸 웃지 못할 해프닝이었겠지만, 이제는 그것이 암스테르담을 상징하는 미학이 되었으니, 살아가는 데 있어 조금의 욕심은 필요하다는 생각이 문득 들기도 한다.

삐뚤빼뚤 오밀조밀하고, 앞으로 기울어진 암스테르담의 집들. 다 이유가 있다.

낮은 땅, 높은 키 이야기
- 네덜란드 사람들은 땅은 낮은데, 키는 왜 이리 클까?

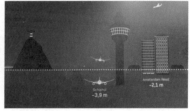

"네덜란드 사람들이 키 큰 이유를 아는가?"

정확히 기억이 나진 않지만 언젠가, 다른 나라에 주재하시는 어르신께서 네덜란드를 방문하여 저녁 식사 때 물어보신 질문. 월급에 의지하는 직장인이기에 그리고 네덜란드에서 주재 생활을 하는 사람이기에 대답을 잘해야 하는 상황이란 생각이 들었고, 다행히도 주재하는 나라의 역사나 문화를 파고드는 성격 덕에 예전에 찾아본 기억을 더듬어 나름대로 논리 정연하게 말씀드렸던 기억이 난다. 그 대답은 식생활, 잠자는 시간, 유전적 요소 그리고 자연선택설까지 끌어들여 장황한 스토리가 되었다. 사실, 어디를 뒤져봐도 명확한 대답은 없었고 학계에서도 현재 계속 연구하고 있는 분야이기도 하다.

등줄기의 식은땀이 허리선에 닿을 즈음. 어르신께서는 한 마디로 그 이유를 정의하셨다.

"그게 아니지. 땅이 낮아서 다른 동네(나라)는 뭐하나 허리 펴고 목을 길게 늘어뜨려 보느라고 키가 큰 거야."

다행히 그 자리를 구성한 인원들은 나를 포함해서 직장 생활을 오래 한 사람들이라 리액션은 바로 박장대소로 발현되었다. 부장님의 아재 개그였다면 친근한 야유(?)로 정리될 수 있었겠지만, 그 어르신의 말씀은 '부사장 개그'였기 때문에 반응은 자동적이었다.

그러는 와중에도 생각했다.

정말 왜 그럴까? 다시 한 번 더 알아보자고.

- 낮은 땅 이야기

우리가 네덜란드 Schiphol(스키폴) 공항에 도착했다면, 이미 해수면보다 4m 이상 아래에 있게 된다. 영어 발음으로는 '쉽폴'로 읽히는 '스키폴'의 공항 이름은, 물살이 센 강 하구였던 그곳에서 많은 배가 빠졌다. 말 그대로 Ship들이 Falling down하는 데에서 유래했다고 하니 우리가 해수면보다 아래에 있다는 것은 증명이 되는 셈이다.

Netherlands의 나라 이름도 한 번 더 살펴본다. 'Nether'는 영어사전에서 '아래의, 밑의'란 것을 뜻한다. 자, 그런데 뒤에 land는 왜 단수형이 아니고 복수형일까?

암스테르담 시내에만 있는 운하의 수는 90개로, 길이로 치면 100km 이상이 되고 그 운하를 잇는 각양각색의 다리 수는 1,500여 개에 달한다. 이 운하들은 바다와 강을 막은 낮은 땅이 홍수로 범람 되지 않도록 물길의 역할을 하는데 운하들이 많다 보니 땅의 모양이 조그만 섬들이 모여 이루는 영토와 같아 보이기 때문이다.

지금이야 별것 아닌 것 같아 보여도 얼마나 불굴의 의지로 만들어 낸 것인지는 아래 대조적인 속담을 보면 알 수 있게 된다.

"아이슬란드, 신이 세상을 만들기 전 연습한 곳"
"네덜란드, 신은 사람을 만들고 사람은 네덜란드를 만들었다"

정리하면 네덜란드 국토의 약 25%가 해수면보다 낮은 곳에 그리고 인구의 21%가 그 땅에 살고 있으며, 최저 고도는 해발 -6.76m다.

네덜란드의 이러한 '정신'을 엿보고자 한다면 북쪽에 위치한 '대제방 (Afsluitdijk)'을 추천한다. 북해와 에이셜호를 가르는 32.5km의 길은 지

낮은 땅. 내비게이션 우측 아래에 -5m 해발 수치가 보인다.

금은 도로지만 돌하나하나를 쌓아 만든 제방이라는 것을 생각하면 그 느낌이 다르다.

– 높은 키와 그 미스터리

네덜란드는 세계에서 평균 신장이 가장 큰 것으로 알려져 있다. 하지만, 그 이유를 명확하게 아는 사람은 네덜란드 사람들을 포함해도 없다. 또 하나 나의 머리를 갸우뚱하게 만든 것은 여러 박물관을 돌아보며 그 옛날 왕들의 침대를 보면 내가 누워 있기에도 좀 짧지 않나 하는 생각이 들 정도로 작다는 것이었다. 아마, 지금 네덜란드 사람들이 그 침대에 눕는다면 무릎은 접어 발을 땅에 대고 자야 할지도.

그 이유를 찾다 보니 갸우뚱한 머리가 점점 제 자리로 돌아오게 된다. 네덜란드 사람들이 원래부터 키가 컸던 것은 아니었다. 19세기 중반 징병 검사 기록에는 네널란드 성인 남성의 평균 키는 164cm에 불과했다고 한다.(같은 무렵 영국 172cm, 미국 171cm, 스웨덴 168cm, 프랑스 165cm, 독일 164cm)하지만 그로부터 150년이 지난 지금 네덜란드인의 평균 키는 20cm가 커져, 평균이 남성 184cm, 여성 170cm에 달한다. 같은 기간 미국은 6cm의 변화가 있었을 뿐이다.

아직까지도 정답은 없고, 이리저리 조사를 해보면 여러 가지 학설이 주를 이루는데 간단히 정리하면 아래와 같다.

첫째, 풍부한 영양 섭취와 식생활

이는 우리나라도 마찬가지인데 예전 시대보다 확실히 풍부한 영양을 섭취한다는 것. 게다가 네덜란드 사람들은 '유기농'과 '유제품'에 돈을 아끼지

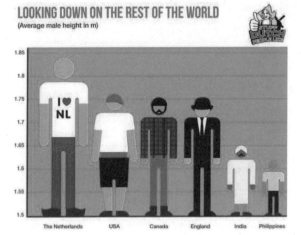

평균 신장 변화 추이(남성 기준)

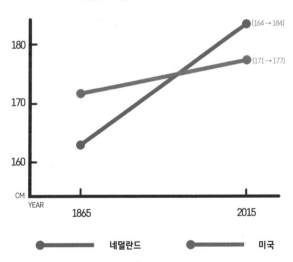

않는다. 또한 곳곳에 보이는 비타민 샵은 건강을 챙기는 그들의 단면이고 우성인자를 만들어간다는 학설이 있다.

둘째, 유전과 생활 습관

대부분 많이 거론되는 학설은 유전적 요소다. 하지만 이는 150년 전 작은 키에서 왜 급작스럽게 20cm의 평균 키가 커졌는지는 100% 설명하지 못한다. 다만 유전과 Heightism(신장주의) 이론이 이를 뒷받침한다. 쉽게 말해 키가 큰 사람끼리 짝을 이루게 되면서 그 후손이 점점 커졌다는 이야기다.

'키는 권력이다'를 주창한 니콜라 애르팽의 이 이론은 키 큰 사람들이 사회적 지위를 더 높게 차지하고 수입은 많으며 건강을 유지해 그 권력을 이어간다고 설명한다. 어떻게 보면 마치 네덜란드 사람들이 이 이론을 잘 흡수하고 있는지도 모르겠다.

더불어 어렸을 때부터 네덜란드 사람들은 일찍 잠자리에 들곤 하는데, 특히 어린이들은 저녁 7시면 꿈나라에 이미 가 있다고 해도 과언이 아니다. 이웃의 경우 집에 놀러 왔다가는 아이를 재우러 가야 한다며 급히 자리를 뜬 그 시각이 저녁 6시여서 놀랐던 적이 있다.

어린 나이부터 주말과 평일을 구분하지 않고 자전거, 러닝, 수영 등에 많은 시간을 투자하는 모습을 보면 굳이 과학적으로 설명하지 않아도 그들의 키가 왜 커가는지 대략 짐작이 간다. 특히, 어린이들이 발끝에 닿을까 말까 하는 어른 자전거를 거침 없이 타는 모습을 보면, 다리가 자연스럽게 늘어날 것 같다.

네덜란드 사람들이 왜 키가 큰지에 대한 이론은 여전히 생산되고 있다. 최근엔 이런저런 설명이 안 돼서 그런지 자연선택설까지 떠오르게 되었고,

'Proceedings of the Royal Society B'라는 학술지에는 'Tall Dutch men on average have more children than their shorter counterparts'라는 가설을 제시했다. 즉, 생물의 종은 자연선택의 결과 환경에 적합한 방향으로 진화한다는 가설과 더불어 키 큰 사람들은 더 많은 자녀를 낳고, 더 많은 생존이 되어 그것을 이어 나간다는 것이다.

결론적으로, 왜 네덜란드 사람들이 지난 150여 년간 20cm의 키가 불쑥 커서 세계에서 가장 큰 사람들이 되었는지에 대한 연구는 명확하게 밝혀지지 않고 계속되고 있다.

이래서 네덜란드는 참 흥미로운 나라다. 땅은 가장 낮지만, 신장은 가장 높은.

낮은 땅에서는 그들의 불굴의 의지를 볼 수 있고, 높은 키에서는 그들의 생활 습관의 특성을 엿볼 수 있다. 어쩌면 서두에서 이야기 한 '부사장님의 개그'는 개그가 아니었을 수 있다. 일종의 자연선택설에 가까운 가설인데, 생각해보니 그때 웃어넘긴 것이 영 맘에 걸린다.

어쩌면 그분은 개그를 한 것이 아니라, 미천한 우리를 위해 자연선택설을 아주 쉽게 설명하신 것일 수도!

박연이 하멜을 만났을 때
- 네덜란드와 한국의 인연

　　네덜란드와 한국의 인연을 말할 때, 우리는 가장 먼저 히딩크를 떠올릴 것이다. 희동구로 명예시민의 이름까지 받은 히딩크의 추억은 월드컵 최초 4강 진출이라는 역사적 사건과 함께 우리 가슴에 아로새겨져 있다. 더불어 '하멜 표류기'라는 책의 제목을 떠올리는 사람들도 몇 있겠다. 하지만 하멜보다 먼저 한국 땅에 발을 들인 사람이 있다. 게다가 그는 한국 생활에 잘 적응하여 이름도 한국의 그것으로 개명하고 한국인 아내와 결혼하여 자손까지 두었다. 그의 이름은 '박연'이다. 박연이 한국에 있을 때 하멜이 표류하여 둘이 만나기도 했었다. 먼 곳에서 만난 네덜란드의 두 사람이 얼마나 반가웠을지, 그 모습을 상상하며 문헌을 뒤져가며 얻은 내용을 박연의 입장에서 각색해보았다.

– 박연이 하멜을 만났을 때

내 이름은 박연.

1595년 네덜란드에서 태어난 나는 1627년에 이곳 조선 땅을 밟았다. 원래 이름은 얀 야너스 벨테브레이(jan jansz Weltevree)다. 네덜란드에 아내와 자식도 있는 내가 여기서 이렇게 오래 살게 될 줄은 몰랐다. 사람의 인생이 그렇지 않은가. 단 하루 앞을 내다보기도 힘든.

나는 동인도회사 소속 홀란디아 호에 승선하여 일본으로 가는 길에 갈아탄 아우버케르크 호에서 제주도에 표착했다. 동료 두 명과 함께 땔감과 음료수를 구하러 상륙했다가 관헌에게 붙잡혔고 그렇게 조선에서의 삶은 시작되었다.

내가 알던 조선이라는 나라는 사람을 잡아먹는 식인 나라였다. 그래서 관헌들이 횃불을 들고 우리를 잡으러 올 때 우리는, '이렇게 잡아 먹히는구나' 하고 혼비백산했다. 나중에 알았으나 그들은 오히려 우리의 큰 체구에 놀랐고, 또 우리가 개처럼 다리 한쪽을 들고 오줌을 눈다거나 코가 커서 코를 머리 뒤로 돌려 물을 마신다는 생각을 하고 있었더랬다. 서로에 대한 오해가 이토록 컸다.

처음에는 본국으로 돌려보내달라고 간곡히 요청하였으나 점점 조선의 생활에 적응해 가기 시작했다. 사람들에게서 정이 느껴졌다. 사람들에게서 호의가 느껴졌고 이방인을 절대 다시 외국으로 내보내지 않는다는 말에 일단 마음을 접은 것도 한몫했다. 향수병이 없다고 했다면 거짓말이겠지만, 참을 만했다. 여기에서 얻은 사랑하는 아내와 아들, 딸이 큰 위로가 되었다.

난 훈련도감에서 근무하게 되었다. 임진왜란 이후에 수도를 방어하기 위해 창설된 부대로 수도방위 사령부라고 생각하면 된다. 난 주로 홍이대포 기술을 개발하는 임무를 수행했다. 동료 2명은 1636년 청과 벌어진 병자호란에서 안타깝게 사망했다. 이제 나 혼자만 남았다고 생각하니 외로움이 나를 엄습했다. 그래도 나는 조선을 사랑하고 즐겁게 살아가기 위해 무던히도 애썼다.

내가 제주에 난파한 외국인 선원을 심문하러 간 때는 1653년.

36명의 네덜란드 사람들이 좌초했다. 처음엔 네덜란드 사람들이라고 생각하지 못했지만, 은근히 기대를 많이 했던 건 사실이었다. 역시나 우리나라 사람들이었다. 26년 만에 만난 고국 사람들이라 옷깃이 다 젖을 정도로 울었다. 문제는 내가 더치어를 많이 잊었다는 것이다. 번역하고 대화하는 데 큰 어려움을 겪었지만 이내 모국어를 기억해냈다. 후에 그가 쓴 하멜 표류기에는 '훌륭한 통역자를 만나 우리의 불행한 처지를 잠시나마 잊을 수 있었다.'라고 회고되어 있었다. 고마웠다.

당시 하멜은 23세였고 나는 58세였다. 하멜은 똑똑한 친구였다. 다른 선원들은 모두 문맹이었지만, 하멜은 서기로서 그 책무를 다했다. 나는 이곳 조선에 사는 것에 큰 어려움이 없었지만 하멜은 그렇지 않았다. 극심한 불안감과 향수병에 시달렸다. 하멜 외 35명의 다른 선원들도 각자 동요했다. 조선에 남아 살기를 원하는 사람도 있었지만 서로의 뜻을 한데 모으는 게 쉽지 않았다. 일부는 바로 탈출을 감행하다 걸려 곤장을 맞기도 했다. 이렇다 보니 정부의 관리와 억압은 더욱 커졌다.

하멜 일행은 제주에 남아 제주 목사 이원진의 호의를 받으며 위로를 받고 지냈다. 하지만 그들의 고생은 이원진이 임기를 마치고 돌아가며 시작되었다. 새로운 목사는 대우를 박하게 했고, 거기에 더하여 죄수 취급까지 했다. 불행인지 다행인지 한양으로의 압송이 결정되고 효종임금을 만나 일본으로라도 일단 보내달라고 하나, 국법에 의해 그럴 수 없다고 명했다. 이제 와서 생각해보니 효종임금은 북벌을 준비하고 있었기에 나와 더불어 그들을 좀 더 활용할 생각을 한 것 같다. 하멜 일행 중에는 대포 기술자, 천문 이해자, 창틀 기술자, 조총 기술자 등의 다양한 인재들이 있었기 때문에 아마 나라도 그렇게 했으리라.

결국, 그들은 내가 감독하는 훈련도감의 포수로 임명되었다. 그들의 인기는 하늘을 찔렀다. 많은 사람이 그들을 보기 위해 모여들었고 검술과 춤을 보여달라며 연회를 열어주기도 했다.

효종 임금은 청나라를 매우 조심스러워하며 문제를 일으키지 않기를 원했다. 북벌을 준비 중인데 사전에 그러한 정보를 들키면 일을 그르치기 때문이다.

그런데, 사건이 생겼다.

1655년 청나라 사신이 조선을 방문했을 때, 하멜 일행 중 수석 조타수와 몇몇 친구들이 사신의 길목을 막아서고 조선옷을 벗고 네덜란드 옷을 보여주었다. 말이 안 통하니 옷을 보여주며 본국으로 보내달라는 간절한 호소였다.

효종은 즉시 회의를 열고, 그 사신에게 갖가지 선물을 보내어 함구하도록 했다. 길목을 막았던 친구들은 소리소문없이 죽게 되었다. 좌절로 인한 자연사인지, 고문으로 인한 죽음인지 나도 알지 못한다. 만약 하멜 일행 중 누구라도 청나라로 호송되어 지금 진행 중인 홍이대포와 조총의 개발이 북벌을 위해서라는 것이 발설되면 그 결과는 뻔했다. 결국 하멜 일행을 한양에 남겨둘 수 없다고 판단하여 '사형'으로 매듭을 짓고자 했다. 이 회의를 주재한 인평대군에게 달려가 읍소한 그들은 결국 유배형으로 마무리되었다.

1656년 3월. 그들은 전라도 강진 병영으로 유배되었고 나와는 그렇게 이별을 하게 되었다.

하멜은 그곳에서 7년을 더 살았다고 한다. 그들을 감독한 전라 병사에 따라 그 대우가 매우 달랐다고 하는데 일부는 큰 고생을 하고 또 일부는 자유롭게 여행을 다니기도 했다고 한다. 그중 몇 명은 나와 같이 조선 여자 사이에서 아이를 낳았다고도 한다.

조선을 강타한 기근이 사회적으로 큰 문제가 되었을 때. 하멜은 조선인 친구에게 큰돈을 주고 배를 마련하여 1666년 9월 4일에 그를 포함 총 8명과 함께 탈출에 성공했다고 한다. 그렇게, 1653년 8월 16일부터 1666년 9월 14일까지 이어진 그의 조선 체류는 끝이 났다. 13년 하고도 28일 만이다. 일본을 거쳐 하멜은 1668년 7월 20일에 암스테르담에 도착했다고 한다. 암스테르담. 참 그리운 이름이다.

앞서 이야기했듯이 하멜은 참으로 똑똑한 친구다. 그가 쓴 하멜 표류기(1653년 바타비아발 일본행 스페르베르 호의 불행한 항해일지)는 13년 억류 기간 동안 받지 못한 임금을 청구하는 하나의 증빙이자 보고서였기 때문이다. 그렇게 열심히 꼬박꼬박 적은 이유가 있었다.

의도야 어찌 되었건 1668년 암스테르담과 로테르담에서 출판된 이 책은 선풍적인 인기를 끌었다. 글을 잘 써서가 아니라 거기 있는 모든 것들이 새롭고 신기했기 때문이다.

이후 그는 인도로 항해하기도 했고, 평생 독신으로 살다 생을 마감했다고 한다. 나는 이역만리 조선 땅에 뿌리를 내리고 살았던 최초의 서양인이고, 하멜 그는 유럽에 조선의 존재를 알린 최초의 사람이었다.

나와 하멜 이후에도 조선과 네덜란드의 연이 계속 닿았으면 한다. 이러한 우연이 몇 번이고 닿는다는 건, '인연'으로 거듭날 수 있다는 이야기다.

또 누가 아는가.

우리가 홍이대포와 조총 기술을 주어 조선의 국방력을 강화하고 북벌 준비에 그래도 큰 도움을 주었듯이, 우리가 잘 하는 것을 전수하여 서로에게 큰 도움이 될지. 예를 들어 먼 앞날 유행할 축구라든가 말이다.

더치와 콜라병

- 네덜란드 사람들은 왜 그렇게 검소할까?

모든 것은 콜라병으로부터 시작되었다.

남아공 북쪽. 원시 부족의 상공을 날아가던 경비행기에서 부조종수가 마시던 콜라병을 밖으로 던졌다. 그 콜라병은 아래로 떨어져 부쉬맨들에게 난생처음 보는 물건이 된다. 그것을 신의 선물이라고 생각했지만, 이로 인해 평화롭던 마을에 분쟁이 발생한다. 부쉬맨 족의 한 주인공이 마을의 평화를 깨트리는 이 콜라병을 신에게 돌려주기 위해 여행을 떠난다는 내용. 이 영화는 1980년에 제작, 우리나라에서는 1982년에 개봉되어 큰 흥행을 거뒀다. 콜라병은 말 그대로 자본주의와 문명을 상징했고, 이로 인한 원시 부족 평화의 깨짐은 많은 시사점을 던져주었다. 코미디 영화라는 가벼운 탈을 쓰고 무거운 메시지를 전한다는 것을, 초등학생이었던 그때도 깨달을 수 있었다. 하지만, 영화의 내용은 거의 생각이 나지 않는다. 다만, 모든 것은 콜라병에서 시작되었다는 것은 또렷하게 기억하고 있다.

그렇게 모든 것을 시작하게 만드는 콜라병이 어느 날 내 앞에 놓여 있었다. 내 앞에 놓인 콜라병은 매우 작았다. 어느 식당을 가도 마찬가지였다. 200ml짜리 콜라병은 유리잔에 담으면 한 번에 다 담길 정도의 양 밖에 안 되었다. 두 모금이면 끝난다. 한국에서 콜라를 기다란 맥주잔에 약 두 번은 부어 마실 수 있는 한 병의 양과 차이가 매우 컸다. 여기서 시작되었다, 나의 궁금증은. 도대체 왜?

개가 사람을 물면 작은 뉴스거리지만 사람이 개를 물면 큰 뉴스라는 말이 있다. 여느 다른 나라에서 콜라병이 이같이 작다면 그러려니 하겠는데. 네덜란드는 세계에서 평균 신장이 가장 큰 나라라는 것을 감안하고 보면 생각이 달라진다. 정말 간에 기별도 안 갈 양일 텐데. 그러니 더 궁금하게 다가온 것이다. 다른 유럽에서 시킨 콜라, 특히 스페인과 같은 라틴 유럽의 식당에서 시킨 그것은 대개 330ml의 두꺼운 캔으로 나오곤 하니, 궁금증은 더해졌다. 물론 스페인 사람들은 네덜란드 사람들보다 한참 키가 작다. 우리네만을 보더라도 200ml 콜라병을 내어주는 식당은 거의 없다.

이뿐만이 아니다. 2m에 다다르는 키를 가진 사람들은 그들의 다리를 욱여넣어가며 기어코 작은 소형 해치백 차에 몸을 싣는다. 주로 팔리는 냉장고는 200~300리터 대의 소용량이다. 세탁기는 6kg 용량을 사용하던 사람들이 이제야 7~8kg으로 점점 늘어나는 추세다. 먹는 것은 어떨까. 회사 친구들을 보면 그 커다란 키에 그저 치즈와 얇은 햄이 들어간 샌드위치로 점심을

때운다. 더불어, 국민 개인 소득이 5만 불이 넘는 이 나라 사람들은 '싼 가격'
에 매우 민감하다. 가전제품의 경우 최고 효율을 원하지만, 가격은 최저가를
넘어 최최최저가를 원한다. 그래서 주위에 'Korting(할인)', 'Gratis(무료)'
라는 단어를 언제 어디서든 볼 수 있다.

그저 단순하게 우리나라와 비교를 해본다. 중형차는 물론 대형차가 주를
이루고, 냉장고는 900리터급을 넘어 화려한 디자인을 자랑하고, 세탁기는
드럼세탁기임에도 20kg은 넘어야 이불 정도는 빨 수 있다고 생각하며 식사
는 고기는 필수, 갖가지 반찬이 있어야 좀 차려 먹었다고 생각을 하곤 한다.
게다가 우리나라는 특히, 수요와 공급의 곡선 법칙을 위배하여 가격이 비싸
면 팔리는 대표적인 시장 특성을 가지고 있다.

누가 맞고 틀리고의 문제가 아니다. 다만 그 간극에서 오는 궁금증을 참을
수가 없었다. 대체 이렇게 키 큰 사람들이 왜 이렇게 먹고사는 걸까?

네덜란드 사람을 표현하기에 '군더더기가 없다'는 말은 그네들에게 꽤 어
울린다. 욕심이 없다기보다는 만족하는 법을 안다. 복잡하게 살기보다는 단
순하게 살고자 하는 북유럽 특유의 감성도 느껴진다. 그러니 매우 검소하
다. 타 유럽 사람들은 더치 사람들을 보고 이야기한다. '더치 사람들은 캐러
반 끌고 다른 나라로 여행하면서, 있던 자리에 감자 껍질만 놓고 간다'라고.
즉, 여행을 왔으면 그 지역에서 돈을 좀 쓰고 가야 하는데 가져온 음식만 먹
고 가는 독한 사람들이라는 것. 물론, 모든 사람의 이야기는 아니지만 타 유
럽 국가의 사람들에게 각인된 인식이니 아니 땐 굴뚝에 연기 날 수 없다고
볼 수 있다. 재미있는 건, 이러한 이야기를 네덜란드 친구들도 나에게 해준
다는 것이다. 자조 섞인 웃음과 함께.

'낮은 땅, 높은 키'에서 이야기했듯이, 네덜란드 사람들의 키가 갑자기 커

져 평균 신장이 세계에서 제일 높은 이유는 단 한 가지로 설명되지 않는다. 마찬가지로 네덜란드 사람들이 이렇게 검소하게 된 것도 한 가지로 설명할 수는 없겠다. 다만, 아래 두 가지의 것들이 더치 사람들의 그러한 성향에 큰 영향을 주었다고는 할 수 있다.

첫째, "종교(칼뱅주의)의 영향"

네덜란드는 16세기까지 신성로마제국, 즉 로마 가톨릭의 지배를 받고 있었다. 스페인에서 독립을 하게 된 가장 큰 이유도 신교도들에 대한 가톨릭 세력의 무자비함이었다. 이에 네덜란드 칼뱅 주의자들은 1565년 헤이제 동맹을 결성한 후 80년에 걸친 반-가톨릭, 반-스페인 독립전쟁을 통해 독립에 이른다. 이때, 네덜란드는 역사상 최초의 칼뱅주의 국가로 독립하게 된다. 이후 360년간 네덜란드에서는 전통적으로 칼뱅주의가 정치와 사회를 이끄는 동력이 되었고 실제로 칼뱅주의에 근간을 둔 정당들이 아직도 활발하게 활동하고 있다.

칼뱅주의는 칼뱅이 강조한 검소나 근면과 같은 가치를 중시한다. 바로 이러한 사상들이 뼛속까지 깊게, 그리고 정서에 진하게 아로새겨져 있는 것이다. 참고로, 최근에도 1층의 거실 등을 커튼으로 가리지 않는 습관도 칼뱅주의의 '청렴함'에 기인한다. 즉, 나는 하늘을 우러러 부끄러움이 없다는 청렴함의 표현이다. 동네에서도 산책을 하다 보면 각 가구의 거실에서 쉬고 있는 사람들과 눈이 마주쳐 오히려 밖에서 보는 내가 당황하는 경우가 꽤 있다.

둘째, "삶을 개척한 사람들의 정신"

"신은 사람을 만들고, 사람은 네덜란드를 만들었다!"라는 유명한 속담이 있다. 땅의 6분의 1을 개간했다. 저 북쪽 '대제방'을 가보면 돌을 하나하나 옮겨 만든 제방이란 걸 동상 하나가 말해준다. 그 동상을 보면 이해가 된다. 당최 사치나 낭비는 생각해볼 수 없는 분위기다. 영국이나 프랑스는 침략을 통해 영토를 넓혔으나 네덜란드는 영토를 '만들어 낸' 것이다(물론 17세기 네덜란드도 활발한 식민 영토 개척을 실행하긴 했다). 그러는 와중에 홍수가 나 몇 천 명의 사람들이 죽었다. 이에 굴하지 않고 돌 하나하나를 쌓고 또 쌓았다. 더불어 영토가 그리 크지 않고 천연자원이 그리 많지 않으니 교역으로 먹고살아, 공산품과 같은 물건이나 재화의 소중함을 이미 깨닫고 있었다.

각각의 개인은 다르다. 하지만 이렇게 다르디다른 개인도 집단으로 묶으면 집단의 성향과 특징을 갖는다. 각각의 나라와 민족에겐 그들만의 집단 무의식이 있다. 더불어 정서가 있으며 습관과 성향이 있다. 그래서 여행을 하거나 다른 나라에서 살면 많은 것들이 새롭고 달리 보인다. 그래서 네덜란드 식당에서 맞이한 200ml 콜라병은 나에게로 하여금 많은 것을 궁금하게 했고, 또 그들의 일상을 자세히 보게 했다. 다시 말하지만, 누가 맞고 틀리고의 문제는 아니다. 한국 사람은 한국 사람대로 집단적 성향과 특징이 있다. 이에 근거한 차이점의 발견은 그래서 흥미롭다. 키가 크니 큰 걸 사용하고, 키가 작으니 작은 걸 사용해야 한다는 이분법적 생각도 아니다. 다양함의 체험과 생각의 커짐이 즐거울 뿐이다. 어쩌면 그렇게 그 작은 콜라병은 나에겐 하늘에서 떨어진 그 무엇일지 모른다. 신이 나에게 준, 주위를 둘러보게 한 그 무엇!

네덜란드 사람들은
뭘 먹고 살까?

먹고 사는 것은 인류 최대의 숙제다.

먹기 위해 사는지, 살기 위해 먹는지에 대한 담론도 아직 결론이 나지 않았다. '먹고 사는 것에 대한 고단함'은 그렇게 인류의 숙명이다. 살기 위해 먹는다는 것은 어쩐지 우리네 삶을 애처롭게 만들고 말지만, 그래도 먹는 것이 주는 즐거움은 그 애처로운 삶에 대한 상이자 원동력이기도 하다. 더불어 무엇을, 어떻게 먹느냐는 그 나라의 민족이 살아온 이야기와 정서가 그것에 버무려져 많은 것을 이야기해준다. 먹고 사는 데에 대한 고단함과 즐거움이 공존하는 이러한 삶은 더치에게도 예외가 아니다.

네덜란드 음식에 대하여.

자. 지금 이 글을 읽고 있는 분들에게 묻고 싶다. 네덜란드 하면 떠오르는 음식이 있는지? 장담하건대 거의 없을 것이다. 굳이 나왔다고 한다면 감자나 치즈 정도가 나지막이 입술을 움직이게 했을 것이다. 스페인의 빠에야, 이탈리아의 피자나 파스타, 프랑스의 거위 간 요리나 크레페, 독일의 슈바이 학센 등이 떠오르는 것과는 대조적이다. 물론, 이러한 데자뷰(?)는 어디에서 본듯해 낯설지 않다. 그렇다. 이러한 질문에 말문을 막히게 하는 또 하나의 나라는 바로 영국이다. 네덜란드와 영국은 역사적으로 사이가 그리 좋지 않았지만, 한 가지 공통점이 있다면 바로 그네들의 음식이 그리 유명하지 않다는 것이다. 물론, 그 악명은 영국이 한 수 위이지만 네덜란드도 그에 못지않은 데는 이유가 있다. 16~17세기 걸쳐 해상을 장악하고 식민지를 놓고 다툰 두 나라의 명성이 이렇게 훗날 자신들의 음식을 개발하지 않도록 만들었다는 것이다. 네덜란드는 더불어, 그 특유의 실용성과 청렴함 그리고 수평적 문화에 기인하여 거대하고 화려한 밥상을 만들지 않았다. 게다가 물과 싸워온 그들에게 오랜 시간을 요리와 상을 차리는데 투자하는 것은 낭비 중의 낭비였다.

미술을 통해 그들의 과거를 엿보면 더욱더 분명해진다. 반 고흐의 유명한 '감자 먹는 사람들'을 보면 서민들의 음식이 무엇이었는지를 잘 말해 준다. 반 고흐는 이 그림의 습작을 그려내면서 정직한 사람들의 '손'과 '먹거리'를 표현하고 싶었다고 했다. 감자를 일구기 위해 뼈의 모양이 그대로 드러난 거친 손마디가 감자의 의미를 한껏 숭고하게 한다. 더불어 귀족들을 대상으로 한 초상화나 정물화를 보아도 음식이 그리 화려하진 않다. 그저 빵과 파이,

그리고 굴과 같은 해산물 정도다.

하지만 네덜란드에 이제 몇 년을 주재하다 보니, 그들만의 음식이 아주 없는 건 아니라는 것을 알게 된다. 팬케이크나 청어 절임, 애플 볼렌, 프레시 민트 티, 해산물 플레이트, 키블링, 스트룹 와플, 올리볼렌 등은 기대하지 않은 내게 큰 선물과도 같은 만남이었다. 아, 물론 감자튀김의 감동도 여전한 것은 사실이다. 정말 확실히 다르다. 감자라고 같은 감자가 아니다.

특히 팬케이크는 네덜란드가 원조였다는 것을 알게 된 후 맛본, 150년 전통의 어느 숲 안의 팬케이크 집에서 만난 그 맛은 한국으로 돌아가서도 그리워할 맛이다. '하링'이라고 알려진 청어 절임은 특유의 비릿함과 양파와의 조화, 그리고 피클로 다져진 또 다른 종류의 그것이 우리 입맛에 안성맞춤이다. 애플볼렌이나 올리볼렌과 같은 지극히 고칼로리를 지향하는 간식은 입이 심심할 때를 위해 항상 대기한다. 달콤한 것을 이야기할 때 스트룹 와플을 빼놓으면 또 섭섭할 것이다. 더불어, 바다와 인접한 축복은 내륙 유럽에서는 엄두도 못 낼 싱싱한 해산물과 키블링(대구 튀김) 등을 맛볼 수 있게 한다. 개인적으론 네덜란드에서 맛본 가장 경이로운 소소함은 바로 프레시 민트 티다. 민트 잎을 따다 뜨거운 물에 투척하여 서서히 올라오는 민트의 향은 모든 스트레스를 날려 주는 자연의 약이자 위로다.

그런데도 네덜란드 음식 중에 그리 유명한 것이 없다는 것은 여전한 사실이다. 어쩌면 그네들의 삶과 같이 실용적이고 화려하지 않아, 이와는 대조적인 다른 나라들의 음식들이 사람들을 더욱더 강렬하게 이끌고 있기 때문이다. 거기 가서 뭐 먹어봤어? 그거 먹으러 거기 가야지……라는 말이 나올 정도의 '한 방'이 없는 것이다.

사실, 내가 이 글을 통해 이야기하고자 하는 것은 그네들의 삶이다. 맛집이나 먹거리를 소개하는 것을 넘어 그들의 삶을 엿보고 알아가고 싶은 마음이 더 크기 때문이다. 유명한 먹거리가 없는 것과 같이 이 친구들의 식사 습관을 보면 그리 화려하지 않다. 아니, '화려하지 않다'라는 말이 무색할 정도로 정말 간단하고 군더더기가 없다. 함께 일하는 친구들의 식사를 보면 그저 간단한 샌드위치가 대부분이다. 남녀를 불문하고 도시락을 싸 오는 사람들도 많다. 우리나라라면 뭐 얼마나 아끼려고 도시락을 싸 오냐는 소리를 듣거나, 없어 보인다는 소리를 들을 확률이 높다. 하지만 유럽 친구들이 하는 것은 어쩐지 이유가 있어 보인다. 사대주의는 아니다. 문화의 차이라고 해두자. 그리고 민족성이 다름을 인정하지 않을 수가 없다. 여하튼, 싸 오는 도시락도 주로 샐러드나 으깬 감자, 또는 샌드위치 안에 넣어 먹을 것들을 가져와 빵만 사서 간단히 해결한다.

대신 음식에 대한 수용성은 매우 높다. 함께 일하는 친구들과 손님들을 데리고 한국을 방문하면, 처음 가는 사람들도 거의 못 먹는 음식이 없다. 날것부터 매운 것까지. 어느 하나 거부감이 없다. 입에 맞고 안 맞고를 떠나 일단 맛부터 보는 이 친구들은, 도통 못 먹겠다는 소리를 하질 않는다. 물론, 네덜란드 친구들의 수용성과 열린 마음은 음식에서만 오는 것이 아니라, 예로부터 교역과 무역으로 먹고살아야 했던 그네들의 정서에 깊이 박혀있다.

네덜란드의 마트를 가면 그들의 먹거리와 삶이 보인다.

요즘은 마트가 대형화되고, 획일화되어서 사실 어느 나라를 가든 비슷비슷한 느낌을 받는다. 우리나라 또한 프랜차이즈화된 대형 마트 내에서 서구화된 식습관으로 인해 고만고만한 상품들이 즐비하다. 하지만 그런데도 만약 이방인의 눈으로 바라본다면 분명 차이는 보일 것이다. 나 또한 그렇다. 네덜란드 외식 물가는 상상을 초월한다. 인건비가 비싼 이곳의 외식 가격은 혀를 내두르게 한다. 하지만 마트를 가면 이야기가 달라진다. 외식 물가에 비해 시장바구니 물가는 한국보다 싸다고 느낄 정도다. 묵직한 삼겹살 3~4덩이가 2~3유로밖에 안 하고, 하이네켄의 나라답게 맥주 한 캔은 우리나라 돈 1천 원을 왔다 갔다 한다. 세일이라도 하면 단 몇백 원에 맥주 한 캔을 살 수 있다. 국민소득 5만 불의 나라 물가로 치면 이는 더더욱 싸게 느껴진다.

나 또한 이방인의 눈으로 그들의 마트를, 아니 먹거리와 삶을 들여다본다. 그러면 보이는 것들이 못내 흥미롭다.

시간적 여유와 함께 채소는 Daily로

삶의 습관이나 패턴은 먹거리에도 영향을 미친다. 우리나라의 경우는 바쁜 삶을 살고 있어, 주말에 장을 듬뿍 보고 냉장고에 일주일 치 이상을 보관한다. 네덜란드는 이와 다르다. 매일매일 시간에 여유가 있다. 해서 한 번에 큰 장을 보거나 하는 경우는 드물다. 채소는 그때그때 사 먹는다. 그래서 키가 2미터인 이 사람들의 집에 200~500리터급 냉장고를 쓰는 경우가 많다. 채소야 바로 사 먹으면 그만이고, 빵이나 치즈 등은 굳이 냉장고에 넣을 일이 없기 때문이다. 우리나라 작은 아파트에서 800~900리터 냉장고를 사용하는 것과는 대조적이다. 가전제품을 팔아야 하는 업무를 맡고 있는데, 이런 내게는 시장 매력도가 한참 떨어지는 곳이 아닐 수 없다.(솔직히 너무 힘들다...)

다양한 고기와 생선

네덜란드 사람들은 다양한 부위의 고기를 즐긴다. 더불어 연어나 청어, 기타 다른 종류의 생선도 다양하게 먹는다. 음식에 대한 수용도가 높고, 바다에 인접해있다 보니 육류나 생선류가 다양하다. 특히 한국과 같은 삼겹살을 많이 즐기는 터라 한국 음식을 그리워할 일이 그리 많지 않다. 다만, 소나 돼지의 내장이나 양/ 대창/ 막창 등은 즐기지 않는다. 이탈리아나 스페인의 마

트에 가보면 막창이나 곱창을 파는 것과는 대조적이다. 물론, 시중에 유통이
안 되어서 그렇지 네덜란드 친구들을 데리고 한국 식당에 가서 곱창을 시켜
놓으면 땀을 뻘뻘 흘리면서 아주 맛있게 먹는다. 청어의 경우는 피클에 절이
거나 진공 포장이 된 보통의 것을 내어놓는다.

네덜란드 키의 원동력, 유제품과 치즈

왜 네덜란드 사람들이 가장 큰 신장을 가지게 되었는지는 아직도 미스터
리다. 어렸을 때부터 다리를 쭉쭉 뻗어가며 타는 자전거와 어렸을 때 12시
간을 넘게 자는 잠. 그리고 이와 더불어 낙농 국가답게 유제품을 많이 섭취
한다는 것이 그저 또 하나의 이유로 여겨지고 있다. 물론, 마트에 가면 이러
한 것을 대변해주듯이 수많은 Dairy 제품이 가득하다. 우유만 해도 그 종류
가 기대 이상이고 치즈는 말할 것도 없다.

맥주와 와인의 향연

네덜란드는 맥주의 나라라고 해도 과언이 아니다. 하이네켄으로 유명한
이 나라는 어렸을 때부터 맥주로 단련(?)된 대단한 체질을 가지고 있다. 고
유의 맥주 브랜드는 물론, 바로 아래 벨기에의 수백 가지 맥주 종류와 함께
어우러져 다양한 맥주를 진열한다. 개인적으로는 술을 좋아하지 않는 탓에
그리 즐기지는 않지만, 만약 내가 술을 좋아했다면 저렴한 맥줏값과 그 다
양한 종류에 이끌려 술꾼이 되었을지 모른다. 특이한 점은 그래도 술을 마
시지 못하는 사람이나 임산부를 배려한 0% 알코올의 종류가 많다는 것이
다. 그저 음료수와 같이 분위기를 즐기고, 술을 강요하지 않는 그들의 문화
를 잘 보여준다.

그 외 다양한 네덜란드 마트의 특징들

네덜란드 사람들은 꽃을 사랑한다. 한때 꽃으로 흥망을 함께 겪었던 이 나라 사람들은 트라우마가 있을 법도 한데, 여전히 꽃을 좋아한다. 집에 초대를 받아 방문할 때 꽃 선물은 기본 중의 기본으로 여겨진다. 그래서일까. 거의 모든 마트에서 꽃을 판다. 입구에 진열된 꽃들은 들어가는 이로 하여금 기분을 좋게 한다. 꽃이 가진 매력이자 힘이다.

한쪽 코너에는 향신료가 한가득하다. 16~17세기, 네덜란드의 황금기를 이끌었던 동인도 회사가 부를 쌓을 수 있었던 것은 바로 동양에서 온 이 향신료 들이었다. 지금은 어디에서나 볼 수 있는 이 향신료들이 그때는 네덜란드 해상무역을 통해서만 유럽에 판매될 수 있었다. 그저 가지런히 놓여 있는 이것들의 역사적인 가볍지 않은 이야기가 잔잔하게 몰려오는 것이 격세지감이라는 말을 떠올리게 한다.

네덜란드 사람들은 운동에 열광한다. 남녀노소를 불문하고 주말이면 달리기, 사이클, 수영, 하키, 축구 등. 그런데도 아이러니한 것은 참으로 스위트한 음식을 좋아한다는 것이다. 네덜란드 사람들의 디저트는 정말 달고 달아서, 어떻게 이런 것을 먹을까 싶은 생각이 들 정도다. 우스갯소리로 네덜란드 사람들은 3,000칼로리를 먹고 4,000칼로리를 운동하며 태운다고 할 정도다. 먹을 땐 먹고, 운동할 땐 운동하는 이 친구들의 화끈함이 엿보이기도 한다.

마지막으로 네덜란드 사람은 매우 검소하다. 그런 스스로를 잘 아는지 마트에서도 세일이나 디스카운트 등의 메시지를 흔히 볼 수 있다. 와이프의 경우도 마트에 가면 주로 할인하는 품목만을 사 오는 경우가 많다. 'Actie'는 영어로 'Action'을, 'Korting'은 'Discount'를 뜻한다. 'Gratis'는 'Free'를 뜻하여 몇 개 사면 몇 개는 무료라는 행사다. 우리가 흔히 아는 1+1이나 2+1되겠다. 이런 행사나 단어가 하루라도 끊일 일이 없다는 것은 이 친구들의 소비 패턴을 잘 설명해주는 단면이다.

다시, 살기 위해서 먹는 것인지 아니면 먹기 위해 사는 것인지에 대한 물음의 대답은 영 쉽지가 않다. 다만, 무엇을 어떻게 먹는지를 보면 어느 정도 그네들의 삶을 엿볼 수는 있다. 먹고 살기 위한 고단함은 어느 누구나 같다고 하더라도 그 정도의 차이는 분명 있다. 네덜란드 사람들의 먹고사는 것에 대한 고단함과 즐거움, 그리고 그 안에 녹여진 이야기들이 나에겐 이처럼 흥미롭다. 그리 유명하지 않은 음식과, 다른 나라 음식에 대한 수용성, 그리고 실용적이고 검소한 그들의 국민성이 은은하고 적나라하게 드러나면서 많은 것들을 이야기해주기 때문이다. 어째, 오늘은 빵 한 조각에 치즈를 얹어 절인 청어와 맥주를 한 모금해봐야겠다. 마무리는 차분하게 민트 잎 몇 개를 꺾어 뜨거운 물에 넣고, 올라오는 향을 맡으면서. 그러면 조금은 더 이해되고 느껴질 네덜란드라는 이곳의 이야기를 기대하며.

네덜란드는 여행하기 좋은 곳일까?

"네덜란드 갈만해요?"

많은 사람이 내게 묻는다. 네덜란드에서 주재를 하고 있으니 받는 질문이다.

요즘은 갈 곳이 너무 많다. 그리고 가본 곳도 많다. 특히 유럽이라면 더욱 그렇다. 프랑스나 영국, 스페인 이탈리아 등. 유명한 나라와 상징적인 그 무엇이 있는 곳이라면 이미 다녀온 사람들이 너무 많다. 이에 따라, 오히려 남들이 안 가본 곳을 여행하는 트렌드가 생길 정도다. 그리고 가보지 않은 곳의 이야기와 사진은 SNS 등에서 각광을 받는다.

네덜란드를 검색해보면 단 몇 가지 단어로 압축된다. 풍차 마을, 튤립, 홍등가 그리고 치즈 정도. 그리고 가장 유명한 장소는 중앙역과 홍등가를 잇는 '담락 거리'일 것이다. 보통 네덜란드는 목적지로 오지 않고 거쳐 가는 곳이라는 인식이 강해서 짧은 시간에 다녀가거나 경험할 수 있는 곳들의 이야기가 대부분이기 때문이다. 당연하다. 한반도의 절반도 채 안 되는 크기의 작은 나라에, 그것도 에펠탑이나 빅벤 그리고 콜로세움과 같은 커다란 상징물이 없는 곳을 여행의 목적지로 잡는 것은 보통의 결심으론 어려운 일이기 때문이다.

나 또한 부임 전에 출장으로 자주 오가며 그제야 네덜란드의 매력을 알게 되었고, '여행'하고 싶은 마음이 생기기 시작했다. 그런데도 나에게 열흘간의 휴가가 주어지고, 그 목적지가 유럽이라고 한다면 '네덜란드'에서 열흘을 채우는 것에 확신을 가지지 못했었다. 재미있는 것은 네덜란드 사람들조차 휴가 기간엔 네덜란드를 여행하는 일이 매우 드물다. 다른 국가로의 근접성이 좋고 보다 좋은 날씨와 햇살을 즐기기 위해 남쪽으로 가는 경우가 대다수다.

다시, 질문에 대한 대답으로 돌아가 과연 네덜란드는 여행하기 좋은 곳일까에 대해 이야기해보자면, 내 대답은 무조건 "Yes!"라고 할 것이다. 물론, 아래의 것들을 읽어보고 마음에 와닿는다면 말이다.

우리는 각자 여행의 목적을 가지고 있다. 그것이 스트레스를 날려버리기 위해서 또는 재충전을 위해, 또는 식견과 경험을 넓히기 위해…… 등등. 그리고 그 목적에 따라 추구하는 여행지가 달라질 것이다. 쇼핑을 위해서라면 대도시 위주로 알아봐야 하고 휴양을 위해서라면 동남아가 제격일 것이다. 중세 시대에 대한 궁금증과 시간을 되돌린 듯한 헤리티지를 느끼고자 한다면 단연코 유럽이 떠오르듯이.

힘 빠지겠지만 이러한 분명한 목적과 다른 이들에게 자랑하고픈, 또는 큰 상징물에 압도당하는 느낌을 위해서라면 네덜란드는 적합한 목적지가 아니다. 네덜란드는 쇼핑에 최적화되어 있거나, 사시사철 날씨가 좋다거나 거대한 무언가가 있어 그 앞에서 사진 찍는 것 하나만으로 큰 자랑거리가 되는 그것이 없기 때문이다.

네덜란드의 가장 큰 매력은 바로 '일상'이다. 이런 아이러니라니. 일상이 지겨워 떠나온 여행지의 가장 큰 매력이 일상이라니. 또 하나. 일상도 그냥 일상이 아니다. 바로 '소소한 일상'이다. 내 일상을 떠나 남의 그것을 보는 것도 여행의 또 다른 매력일 수 있겠지만, 화려하거나 독특한 일상 정도 되어야 여행 온 보람이 있을 텐데 네덜란드의 그것은 참 소소하다.

그러기에 네덜란드가 한껏 환상에 부푼 해외 여행지, 또는 유럽 여행의 첫 번째 목적지가 되는 것은 참으로 희박하다. 인정할 수밖에 없다. 하지만 해외여행에 굳은살이 박인 사람이라면, 유명한 무언가에 이끌려 그 앞에서 한껏 포즈를 취한 후에 몰려드는 허전함이 있는 경험이 있다면 네덜란드는 다음 대안이 될 수 있다.

요즘은 네덜란드에 대한 정보가 다양해지는 추세다. 암스테르담 말고도 풍차 마을이나 튤립 말고도 다양한 소식들이 전해지고 있다. 이는 여행의 의미와 트렌드가 조금은 바뀌어 그러한 여행자들이 많이 생기고 있다는 뜻이다. 네덜란드도 목적지로 여겨지고 있다는 말이다.

한가로이 흐르는 운하. 햇살이 드는 길거리든 어디든 그것을 즐기는. 삼삼오오 모여 즐겁게 이야기를 하는 사람들. 그리고 모르는 사람에게 그들이 관광객이든 동네 사람들이든 간에 건네는 하나하나의 말. 무엇이 저렇게 즐거운 것일까 고개를 갸우뚱하게 만드는 그 매력. 바로 '소소한 일상'을 즐기는 그들을 보며 그것을 동경하게 하는 무엇이다. 그리고 그 '무엇'이 바로 네덜란드 여행에서 발견할 수 있는 소중한 메시지면서.

더불어 네덜란드를 여행하기 좋은 이유도 몇 있다.

첫째, 어디서든 영어가 통한다. 그리고 친절하다.

네덜란드는 북서쪽에 위치하고 있어 영어에 능통하다. 더불어 교역으로 먹고 살아온 사람들이기 때문에 다른 유럽 나라 대비 마음이 더 열려있다고 말할 수 있다. 인종차별이나 눈에 띄는 불친절은 찾기 어렵다. 그리고 거리나 공공시설이 매우 깨끗한 것도 다른 큰 나라와 비교할만하다. 이는 주로 프랑스나 영국과 비교할 수 있는데 네덜란드는 실용적이고 직업에 대한 귀천이 거의 없기 때문에 소위 말하는 3D업종도 네덜란드 사람들이 직접 한다. 그러다 보니 주인의식이 있고 깨끗함이 유지된다.(예를 들어 지하 주차장이나 지하철 등을 가보면 안다. 프랑스의 경우 보통 3D업종을 이주민들이 하므로 화장실 갈 돈도 아끼느라 도시 구석진 곳이나 지하의 공공시설들은 매우 지저분한 경우가 많다.)

둘째, 도시마다 매력이 있고 나라 전체가 자연 친화적이다.

우리에게 잘 알려진 암스테르담이라는 도시는 삐뚤빼뚤한 집들과 홍등가를 품고 있는 곳으로 각인되어 있다. 틀린 지식은 아니지만 그게 다가 아니다. 올드타운의 면모를 갖추고 있고 관광지다운 활기참을 가지고 있다. 더불어 이 외에도 위트레흐트, 로테르담, 마스트리흐트, 알크마르, 델프트 등 잘 알려지지 않은 도시들도 저마다의 매력을 한껏 품고 있다. 도시마다 센트룸에 위치한 성당과 광장, 그리고 아기자기한 골목은 어느 하나 빠지지 않고 가지고 있지만 저마다 그 색이 달라 그것에 빠져들게 한다.

도시에서 도시로 이동하다 보면 지겹도록(?) 보이는 풍경이 있다. 드넓은 목초지. 그리고 풀을 뜯는 양 떼와 소. 그리고 말. 시골이라서 보이는 풍경이 아니라 나라 전체가 이와 같다. 도시는 도시대로 매력적이고 외곽은 외곽

대로 한결같다. 그리고 각자의 매력을 다르게 품고 있다. 작은 운하가 길게 이어지는 근처 의자에 앉아, 바람이 살랑이며 나무 사이로 지나가는 소리를 배경음악 삼아 햇살을 즐기다 보면 한 폭의 그림 속 자신을 발견할 수 있다.

셋째, 일 년 내내가 축제다.

네덜란드는 활기찬 나라다. 왕의 날이나 큰 축제의 날이면 온 나라가 클럽에 온 것 같이 들썩거리는 경우도 다반사다. 또한 일 년 내내 축제가 곳곳에서 일어난다. 재미있는 것은 이러한 축제가 대외로 향한 것이 아니고 철저히 네덜란드 사람들이 즐기기 위한 것이라는 것. 그러기에 그 축제 안에 녹아들면 축제의 진국을 맛볼 수 있게 된다. 거창한 이벤트가 아닌, 정말 네덜란드 사람들이 즐기는 흥을 느낄 수 있다는 것. 어쩌면 네덜란드 사람들에게 축제와 흥은 일상일지 모른다.

이 외에도 나열할 것들이 많지만, 마지막으로 하나 가장 주의해야 할 점이 있다. 사실, "네덜란드 갈만해요?"란 질문에 나의 솔직한 대답은 앞서 이야기한 것과 다르다. 솔직한 대답은 다음과 같다.

"네덜란드 (갈)살만해요!"

네덜란드 여행에서 가장 큰 주의점은 바로, 그 일상에 젖어 들어 네덜란드에서 '살고 싶은' 마음이 강하게 든다는 것이다. 이민을 한 번도 생각해보지 않는 나마저도 여기서 살면 정말 좋겠다, 혹시라도 만약에 이민을 결심하게 된다면 그곳은 바로 네덜란드가 될 것이다 하는 확신이 들 정도다.

네덜란드 교민 중 혹자는 이렇게 살아도 되나 싶을 정도로 일상이 소소하고 다급함이 없고 아등바등하지 않다고 한다. 한국 사람의 피가 흐른다면 어쩌면 그것이 걱정이 될지도 모른단 말에 공감이 간다. 그만큼 네덜란드의 삶은 소소하고 일상적이지만 평화롭고 유유하다. 물론, 저마다의 걱정과 고민이 있겠지만 어디 한국 사람과 같을까.

결론적으로 네덜란드는 여행하기 참 좋은 나라다. 유명한 건축물이나 기념비 앞에서 사진 찍는 것이 여행의 전부가 아니라고 느끼는 사람들이나 운하 앞 벤치에 앉아 바람 소리를 들으며 자신을 되돌아보고자 하는 마음이 든다면, 그리고 일상을 떠나 또 다른 일상에 빠져보고 싶다면 난 네덜란드를 추천한다.

다음 생에는 네덜란드 오리로 태어나고 싶다거나, 여행이 이민 결심으로 변질될 가능성도 있는 부작용에 대해서는 책임질 수 없지만.

네덜란드를 즐기기 위한 몇 가지 정보

1. 네덜란드 교통편

네덜란드를 즐기기 위해서는 우선 교통편을 정하고 잘 활용해야 한다. 크게는 대중교통과 자가용으로 구분이 될 것이다. 대중 교통은 또 기차, 트램, 크루즈, 택시, 버스 등 다양한 형태의 것이 있다. 암스테르담과 일부 지역을 돌아볼 것이라면 물론 대중교통을 추천한다. 하지만, 암스테르담을 벗어나 네덜란드를 조금이라도 더 즐기길 원한다면 나는 차를 렌트할 것을 강력하게 권한다. 국제 면허증이 있다면 별도의 절차 없이 바로 운전할 수 있다.

참고로 택시비는 택시 회사마다 다르며 정부에서 기본요금 2.95유로에 2.17유로/km, 0.36유로/분의 제한을 두어 요금이 지나치게 비싸지는 것을 방지한다(그런데도 우리나라 택시와 비교하면 턱없이 비싸게 느껴진다). 공항이나 기차역 등 관광객으로 붐비는 곳을 제외하면 택시를 잡기 어렵기 때문에 필요한 경우 보통 예약을 통해 콜택시로 이용하는 경우가 많다. 요즘은 우버 서비스가 활성화되면서 우버를 사용하는 것도 좋다. 집에서 공항까지의 거리가 약 18km, 20분 정도가 소요되는데, 콜택시를 이용하면 30~35유로가 나오지만 우버X를 사용하면 18~22유로 수준으로 부과된다.

버스나 트램, 지하철은 기본요금이 0.88유로이며 km당 0.15유로가 부과된다. 모두 환승이 가능한 시스템이다. 물론, 암스테르담 기준이다.

기차의 경우 러시아워인 평일 아침 6시 30분~9시/ 오후 4시~6시 30분을 제외하면 평일과 주말 40% 할인된 가격으로 이용 가능. 40% 할인 카드 신청은 아래 링크에서 할 수 있다.

http://www.ns.nl/abonnementen/dal-voordeel.html

할인 혜택을 받은 경우에

암스테르담-위트레흐트 4.4유로(편도 30분 거리)

암스테르담-헤이그/델프트 6.7/ 7.6유로(편도 60분)

암스테르담-로테르담 8.9유로(편도 70분)의 비용이 부과되니 참고하여 교통비에 대한 감을 잡으면 된다.

페리

중앙역을 마주 보았을 때, 왼편 뒤쪽에는 '페리'가 있다. 이 페리는 암스텔 강을 가로질러 NDSM이나 IJplein, Eye museum을 5분 간격으로 오간다. 비용은 무려 '무료'다. 자전거를 싣고 갈 수도 있다. 시원한 강바람을 맞으며 배를 타고, 각각의 명소에 이르러

페리 승선모습

커피 한 잔의 여유를 즐기고 오는 것도 암스테르담 시민의 삶을 경험하는 즐거운 여정이 될 것이다.

(코스 및 시간표 참조 : https://en.gvb.nl/veerpont-over-het-ij)

NDSM 레스토랑 모래사장   Eye center 카페

1) 암스테르담 위주로 구경할 경우

짧은 기간 암스테르담을 경험하려면 'Iamsterdam City Card' 또는 'Holland Pass'가 제격이다. 패키지 안에는 수백 개의 박물관 입장권은 물론, 커널 크루즈가 포함된 무제한 대중교통권이 포함되어 있기 때문이다. 물론, 기간이나 등급에 따라 가격은 달라진다. 'Iamsterdam City Card'는 24시간 57유로부터 96시간 87유로까지, 'Holland Pass'는 'Small' 등급 40유로부터 'Large'등급 75유로까지다. 자세한 사항은 홈페이지를 통해 확인할 수 있다.

https://www.iamsterdam.com/en/

https://hollandpass.com/

2) 암스테르담 도시를 벗어날 경우

차를 렌트하여 운전하면 많은 곳을 갈 수 있다. 네덜란드는 면적이 작아 암스테르담을 기준으로 동서남북 2시간 거리 내에 국경이나 땅끝 바다가 접해있다. 위트레흐트나 델프트, 로테르담의 주요 도시도 암스테르담에서 1시간 내 거리지만 대중교통을 이용할 경우 시간은 배가 들 수도 있고, 역에서 관광지까지 이동하는 시간을 더하면 더 오래 걸릴 수도 있다. 물론, 주유

비나 주차비는 각오해야 한다. 휘발유는 리터당 약 1.3~1.5유로, 디젤은 약 1.1~1.3유로 수준이다. 주차비는 암스테르담과 같은 번잡한 곳은 시간당 5 유로지만, 조금만 벗어나면 시간당 1~2유로 하는 주차장도 많다. 어차피 교통비가 비싸기 때문에 조금 더 주고 더 멀리, 많은 것을 경험할 수 있다는 것에 만족한다면 아까워할 일도 아니다. 게다가 운전하면서 지나치는 고즈넉하고 탁 트인 풍경들은 돈 주고도 얻지 못할 것들이다. 좌우로 지나치는 넓디넓은 목초지에서 지나가는 자동차를 바라보는 양과 소 떼의 모습도 매우 정겹다. 그런데도 네덜란드에서 운전할 때 유의해야 할 점이 있어 소개한다.

렌트비용

렌트비용은 7일 기준 미드사이드 차량 기준으로 200~400유로다. 매뉴얼기어인 경우가 많고, 오토매틱기어의 경우 비용이 좀 더 올라갈 수 있다. 회사별 가격을 한데 모아 비교할 수 있는 사이트를 참조하면 좋다. (http://www.autoeurope.eu)

1. 화살표를 잘 봐야 한다.

당신은 좌회전 신호에 걸려있다. 신호가 풀려 한국에서 하던 그 반경 그대로 좌회전을 하게 되면 당신은 전찻길로 접어들거나 역주행을 하거나 자전거 도로로 들어가게 될 거라고 더치 팬케이크 한 판을 걸고 이야기할 수 있다. 이때, 우리를 구원해 주는 것이 파란색 바탕에 흰 색 화살표이니 이것만 잘 보고 가자.

2. 바닥을 잘 봐야 한다.

바닥에 나를 향해 길고 짧은 선이 있거나, 역삼각형이 있다면 긴장해야 한다. 그 선들은 서행을, 역삼각형은 일단정지 또는 나중에 진입해야 한다는 의미다. 네덜란드 사람들은 운전 매너가 좋은 편이지만 맞는 신호라고 판단되면 앞뒤 안 보고 달리기 때문에 내가 바닥의 표시를 어기고 가버리면 사고 날 확률이 매우 높다. 특히 그러한 표시는 자전거 도로 앞에 많이 있게 되는데 여기 네덜란드는 자동차보다는 사람이, 사람보다는 자전거가 우선인 나라이니 주의가 필요다.

3. 암스테르담 운전할 때는 약간의 긴장을

소와 양이 노니는 운하 옆의 목초지를 유유하게 운전하다 암스테르담 시내에 들어왔다면, 조금은 더 긴장하고 핸들도 가능한 두 손으로 잡길 추천한다. 암스테르담 시내는 수많은 관광객과 빠르게 달리는 자전거, 복잡하게 얽히고설켜 지나가는 전차와 초행길의 운전자들이 만들어 내는 하모니가 강렬하다. 거기에 비좁은 주차구역, 일방통행의 향연이 한국에서의 운전 실력을 비웃는다. 물론 익숙해지면 괜찮다. 처음엔 조심.

4. 한국과 다른 의미의 것들

한국에서 내가 좌/우측 방향 지시등을 켠다면, 그 방향에 있던 뒤차는 득달같이 달려올 것이다. 하지만 네덜란드에서는 방향 지시등을 켠 차가 우선이다. 어떤 경우는 내가 있는지 없는지 확인도 안 하고 방향 지시등을 켜고는 그대로 들어온다. 길이 합류되는 지점에서 방향 지시등을 킨 차들이 들어오면 뒤에 오던 차들이 차선을 바꾸어 자리를 비켜줄 정도다.

또 하나. 좁은 도로에서 마주쳤을 때 앞 차가 상향등을 켠다고 욱하고 내려서 상대 운전자의 멱살을 절대 잡지 말아야 한다. 놀랍게도 이때 상향등의 의미는 '양보'다. 먼저 가라는 이야기다. 버릇 들어 나중에 한국 가면 고생 좀 할 것 같다.

5. 1차선은 추월 차선, 2차선도 3차선도

1차선이 추월 차선인 것은 거의 만국 공통일 테지만, 2차선과 3차선도 그런 의미가 있다. 즉, 1차선만 비켜준다고 끝날 것이 아니라 2차선을 달리는데도 나보다 빠른 차가 오면 3차선으로, 3차선에서도 그런다면 4차선으로 비켜 정속 주행하는 것이 예의다. 매너가 좋은 네덜란드 사람들도 1차선과 2차선에서 느리게 달리는 차는 그냥 두지 않는다. 뒤에 바로 따라붙어 꼬리물기를 하는 위험천만함을 연출한다(역시 사람들은 다 똑같다).

6. 신호등은 센서에 의해 자동으로 바뀌고, 남은 시간을 표시해주는 신호등도 있다.

전체가 그런 것은 아니지만 지역마다 특색 있는 신호등과 체계가 있다. 지금 살고 있는 지역의 경우 바닥에 센서가 내장되어 있어 차량 흐름을 읽고 자동으로 빨간 불과 초록 불을 컨트롤한다. 주위에 차가 없다면 나는 신호에 걸리지 않고 계속해서 갈 수 있다. 마치 VVIP가 되어 경찰이 앞을 터주고 있다는 느낌이 들 정도다. 물론, 가끔 그 타이밍이 맞지 않아 브레이크를 밟고 몇 초 안 돼 다시 출발해야 하는 꿀렁거림을 받아들여야 할 경우도 있다. 또 어떤 신호등은 운전자에게 남은 시간을 막대그래프로 보여주기도 한다.

7. 기타 사항

일반 자동차 지붕 위에 파란색 바탕에 흰 글자로 'L'이 쓰여 있다면 피해 가거나 뒤에 바짝 따라 붙어가지 않아야 한다. 운전 실습 중인 자동차다.

라운드어바웃(우리나라 로터리) 앞에는 앞서 이야기한 역삼각형이 항상 있고, 이곳은 진입하여 돌고 있는 자동차가 무조건 우선이다.

2. 네덜란드 물가 수준

네덜란드의 물가는 비싸기로 유명하다. 아니, 그렇게 알고 있었다. 서유럽이면서도 북유럽인 면에서 더 그렇게 생각될 것이다. 하지만 재미있는 것은 세계 물가 순위나 빅맥 지수를 보면, 네덜란드나 암스테르담이 모두 10위권에 있지 않다는 것이다. 물론, 처음 네덜란드에 발을 들여 외식을 하고 물건을 사다 보면, 그것을 다시 한화로 계산하느라 머리가 아프고 또 환산된 한국 돈의 가치를 보며 한 번 더 마음이 아팠다. 하지만, 인건비가 높아 외식을 하거나 일부 공산품을 살 때의 물가가 높아서 그렇지, 마트나 생필품 그리고 장바구니 물가는 오히려 서울보다 싸다. 국민소득 5만 불이 넘는 나라에서는 전혀 상상하지 못한 부분.

외식을 할 경우, 웬만하면 1인 메뉴 기준으로 30~40유로를 쓰게 된다. 특별히 비싼 곳에서 먹어서가 아니다. 해산물을 먹거나 미쉐린 마크가 있는 곳에서 먹으면 인당 50유로는 쉽게 넘어간다. 네덜란드에 위치한 한국 식당도 마찬가지다. 김치찌개가 17유로, 소주가 15유로, 삼겹살 1인분이 23유로 수준이다. 다만, 앞서 말했듯이 시장바구니 물가는 싸다. 삼겹살 큰 덩이 3개가 2유로 수준이고, 식당에서 맥주 한잔이 3유로 정도 하는데 마트에서 맥주 한 캔은 할인이라도 하면 우리나라 돈으로 몇백 원에 살 수 있다.

4성급 호텔의 경우는 1박에 120~150유로 수준인데, 암스테르담 한복판의 호텔은 200~300유로는 예사다. 에어비앤비도 암스테르담 목 좋은 곳에 위치해 있다면 200유로는 기본. 숙소를 잡는다면 공항 근처 4성급 호텔을 추천한다. 가격이 120~150유로 수준이면서 시설은 매우 깨끗하고 공항으로의 근접성이 좋기 때문이다. 공항에는 시내로 나가는 교통편이 잘 갖추어져 있어 관광을 위한 근접성도 좋은 편이다.

3. 네덜란드 화장실 이용 관련

네덜란드는 다른 나라에 비해 불편한 것보다는 편한 것들이 더 많다.

어디서든 영어가 통하는 것도 그렇고, 드러나는 인종차별도 없다. 거리 곳곳은 깨끗하고, 양과 소가 풀을 뜯는 고즈넉한 풍경들은 심신을 안정시킨다. 그런데도 한 가지 불편한 것이 있는데 화장실 인심이 매우 인색하다는 것이다. 부임한 지 얼마 안 되었을 때는 이런 분위기를 잘 모르다가 아이들이 화장실이 급해 발을 동동 구른 적이 한두 번이 아니다.

네덜란드 화장실 인심은 인색하다 못해 고약하다. 네덜란드 화장실은 거의 모두 유료라고 보면 마음이 편하다. 맥도널드 화장실도 돈을 내고 이용해야 한다. 대신 화장실은 매우 깨끗하다. 관리하는 사람이 상주하기 때문이다. 일을 제대로 보지 못할 정도로 들락날락하는 경우도 태반이다.

한 번은 아이들이 소변이 급하다고 하여 이곳저곳 상점에 들어가 화장실을 쓸 수 있냐고 물었더니 안 된단다. 돈을 내겠다고 해도 거절 받은 그 당시의 기억 때문에 아직도 작은 트라우마가 남아 있다. 해서 오히려 아이들에게 집을 나서거나, 식당에서 밥을 먹고 나갈 때는 항상 화장실을 사용하도록 가르친다. 네덜란드를 좋아하지만, 어찌 항상 좋을 수 있을까. 네덜란드의 민낯을 보게 되는 순간이다.

암스테르담의 열린 화장실이 낯설다.

무료로 개방해주는 것도 그렇고, 보기만 해도 지저분해 보이는 것을 왜 이 관광 명소에 갖다 놓았을까? 일을 보는 사람이나, 그것을 바라보는 사람은 생각 안 하는 걸까? 그것도 사람들이 가장 많이 붐비는 암스테르담 올드타운 운하 길에 말이다. 홍등가와 Old Church가 있는 이 길엔 하루에도 수만의 사람들이 오가는 곳이다. 자칫 서로의 눈살을 찌푸리게 할 수도 있는, 아무리 자유의 상징인 암스테르담이라지만 어쨌거나 그리 유쾌한 장면은 아닌 것이다.

무조건 지저분하다고 단정 짓지 말고 이유를 한 번 봐야 한다. 뭔가 이유가 있을 테니. 역시나, 암스테르담 운하에서 소변을 보다가 물에 빠져 죽는 사람이 연간 15명을 오간다고 한다. 대부분이 남자다. 술에 취한 상태에서 한밤에 소변을 보려다 빠진 사람 중 대부분은 알코올로 인한 혈압과 차가운 물의 영향으로 순간 온몸이 마비되어 비극적인 최후를 맞게 되는 것이다. 암스테르담의 인색하다 못해 고약한 화장실 인심이 낳은 결과일 수도 있다. 물론, 노상방뇨를 하면 90유로라는 어마어마한 벌금을 물기도 하지만, 술에 취한 사람들에겐 90유로의 두려움보다는 당장 0.5~1유로를 내는 것이 더 성가신 일일 것이다.

4. 네덜란드 주요 여행 명소 가격 정보

앞서 언급한 트래블 카드(Holland Pass 또는 Iamsterdam City Card)를
활용하면 교통비와 주요 명소 입장료가 한 번에 해결된다. 그래도 해당 티켓
에 포함이 안 되거나, 계획 변경으로 코스가 추가될 수도 있으니 참고삼아
아래 정보를 공유한다. 시간의 경우 계절 및 공휴일 등에 따라 달라질 수 있
으니 방문 전 확인이 필요하고, 마감 1시간 또는 30분 전부터 입장이 제한되
는 부분은 참고하도록 한다.

Attraction	Official Price (성인/ 아이) Euro	Open Hour
Artis Royal Zoo (동물원)	21.5/ 18(3~9세)	9AM ~ 6PM
Casa Rosso (라이브 섹스 쇼)	40	7PM ~ 2AM (금, 토 ~3AM)
Efteling(놀이동산)	35	10AM ~ 6PM
Heineken Experience (하이네켄박물관)	16/ 12.5(12~17세)	10:30AM ~ 5:30PM (금, 토, 일 ~ 7PM)
Madame Tussauds (밀랍인형)	23.5/ 17(5~15세)	10AM ~ 10PM
Amsterdam Museum	12.5/ 6.5(5~18세)	10AM ~ 5PM
Erotic Museum	7	11AM ~ 1AM (금, 토 ~2AM)
Oude Kerk(구교회)	10/ Free	10AM ~ 18PM (일 1PM ~ 5:30PM)
NEMO science Museum	16.5	10AM ~ 5:30PM
Rijksmuseum (국립중앙 박물관)	17.5/ Free(0~18세)	9AM ~ 5PM
Stedelijk Museum (현대 미술관)	15/ Free(0~18세)	10AM ~ 6PM (금 ~10PM)
Van Gogh Museum	17/ Free(0~17세)	9AM ~ 6PM (금 ~ 10PM)
Zaanseschans (풍차 마을)	무료 (주차비 1대당 9유로)	하루 종일 오픈하지만 박물관이나 기념품 가게 는 5시~6시 Close

"소소한 사랑이 주렁주렁"

네덜란드를 '낭만'과 연결하여 생각하는 사람은 매우 드뭅니다.

우리나라 사람들에겐 풍차나 치즈, 또는 홍등가와 마리화나가 자유로운 나라로 알려져 있고, 다른 유럽 사람들에게도 암스테르담은 '경제도시'로 인식이 되고 있습니다.

왜일까요?

낭만보다는 실리와 실용을 중시하는 네덜란드 사람들의 특성이 큰 이유를 차지할 겁니다. 국토의 25%를 개간하여 자연과 싸우며 억척스럽게 살아온 사람들에게는 어쩌면 자연스러운 일인지 모릅니다. '낭만'보다는 '생존'과 더욱 친하게 지냈어야 했었으니까요.

또 하나. 발음 또한 그렇게 아름답지는 않죠. '파리의 연인', '프라하의 연인'은 친숙하지만 '위트레흐트의 연인'이라 하면 좀 그렇잖아요? 글로 써서 그렇지 '레흐트'를 실제로 발음하려면 목 깊이에서 소리를 끌어올려야 하니 낭만과는 또 한 걸음 더 멀어집니다.

그럼에도 낭만은 어디에나 있습니다.

네덜란드와 암스테르담, 그리고 어느 곳의 도시라도 발걸음을 하나하나 내딛다 보면 알게 됩니다. 당장 옆의 누구와라도 사랑에 빠지고 싶을 정도로 이곳에 낭만이 가득하다는 것을.

특히, 암스테르담의 거리는 고즈넉함과 시끌벅적함을 동시에 가지고 있는 아주 매력적인 곳입니다. 삐뚤빼뚤한 모습의 개성 강한 집들 사이를 걷다 보면, 앨리스의 이상한 나라나 살바도르 달리가 그린 늘어진 시계 속 세상에 와 있는 듯한 느낌이 들기도 하죠. 두 손을 꼭 마주 잡고 자전거를 타고 유유히 지나가는 연인들, 햇살이라도 나면 자유롭게 삼삼오오 모여 있는 사람들의 풍경은 낭만의 씨앗이 됩니다.

홍등가로 알려진 그 길을 걷더라도 낭만을 느낄 수 있다는 것을 많은 사람이 알지 못합니다. 그저 잠시 스쳤다 가는 사람들의 머릿속에는 섹스와 도박, 마리화나가 합법이라는 주입된 편견의 파편들이 뇌리에 박혀 있기 때문이죠. 문화의 다양성을 인정하고 색안경을 빼고 거닐어보면 참 아름다운 곳인데 말이에요.

　고요히 흐르는 곳곳의 운하와, 작고 작은 운하를 앙증맞게 연결하는 다리. 운하도 소소하고 다리도 소소한데, 여기에 소소한 사랑들이 주렁주렁합니다. 프랑스 퐁네프 근처의 다리들은 자물쇠 무게로 다리가 무너질까 걱정되는데 역시 이곳은 소소합니다. 몇 안 되는 자물쇠들이지만 그래도 이 자물쇠들에 경의를 표합니다. 각각의 사연과 사랑은 결코 소소하지 않기 때문에. 자물쇠 하나하나를 보면서 마음 간질간질할 그들의 설렘을 조금이나마 훔쳐 느껴봅니다. 참 좋을 때라고 느끼며.

　소소한 다리에 낭만이라는 열매를 달고 간 그들의 사랑이 날로 커졌으면 좋겠습니다.

에필로그

네덜란드 스키폴(Schiphol) 공항에 다시 발을 들일 때, 그러니까 임기를 마치고 한국으로 돌아가야 할 그때 만감이 교차하리라는 것은 눈에 보듯 뻔하다. 도착했던 그 때도 1월이었지만 인수인계를 마치고 돌아가야 할 그 때도 1월이 될 것이기 때문이다. 공항을 나와 마주했던 Iamsterdam 시티레터는 나의 등 뒤에서 인사를 건넬 것이다. 온갖 소소하고 아름답던 네덜란드의 많은 것들을 비행기에 실어 가져갈 수 없다. 그래서 신은 사람에게 기억과 추억, 경험을 주었을 것이다.

어디가 되었건 가족이 있는 곳이 바로 집이라는 것과, 힘들고 지칠 때 가족이 큰 힘이 되어 준다는 것을 주재기간 동안 뼈저리게 느꼈다. 그리고 일상을 다시 새롭게 바라볼 수 있는 소중한 방법은 네덜란드로부터 배웠다. 이제 얼마 남지 않은 주재 기간이기에, 지금부터 겪는 모든 것들은 '마지막'이라는 의미를 뒤집어쓰고 나의 마음을 싱숭생숭하게 할 것이다. 물론, 네덜란드와는 어떠한 '인연'으로 이어져 있다는 마음 속 저 깊은 곳에서의 울림이, 언젠가 나를 또 다시 네덜란드에 있게 할지는 나도 모르겠다.

그저 궁금해서 알아가고자 했던 것들, 그래서 초라하게 시작한 이 글을 책으로 엮자고 제안해준 J&jj 한윤지 팀장님과 김혜인 에디터님께 진심으로 감사 드린다. 언젠가 책으로 내야지 했던 꿈을 현실로 이루어주신 분들이기에 평생 잊지 못할 소중한 분들로 남을 것이다.

그리고, 주저 없이 글을 읽고 추천글을 써 주신 암스테르담 코트라 신덕수 관장님, 네덜란드 교육 진흥원 양정윤 원장님, 정희정 선임담당관님, 한국 외국어 대학교 네덜란드어 학과장이신 문지희 교수님, 주한네덜란드대사관 공공외교부 박현지 대표님께도 진심어린 감사의 말씀을 드리고 싶다. 또한, 책을 쓰고 구성하는 와중에 큰 도움을 준 '화란댁' 김희원 님과 회사 내에서 많은 질문을 쏟아낸 내게 언제나 친절하게 대답해 준 우리 회사 동료들에게도 고맙다는 말을 전한다.

무엇보다, 바쁜 업무와 책 집필로 소홀했을지 모르는 나를 이해해주고 열렬히 응원해 준 사랑하는 와이프와 두 아들. 해외에서 지내느라 많이 찾아뵙지 못함에도 언제나 이해해주시는 우리 어머니. 일찍 아버지를 여읜 내게 위로가 되어주시는 장인어른과 장모님께 진심으로 고맙고 사랑한다 전하고 싶다.

마지막으로 네덜란드의 '속담' 하나를 소개하며 글을 마치고자 한다.
이미 일상을 자유자재로 다루며, 무엇이 행복인지를 아는 그네들의 철학이 고스란히 담긴 좋은 글이다. 이 글을 읽는 모든 분들이 행복하길 바라고 바라본다.

돈으로 집은 살 수 있어도 가정은 살 수 없다

돈으로 시계는 살 수 있어도 시간은 살 수 없다

돈으로 침대는 살 수 있어도 잠은 살 수 없다

돈으로 책을 살 수 있어도 지식은 살 수 없다

돈으로 의사는 살 수 있어도 건강은 살 수 없다

돈으로 직위는 살 수 있어도 존경은 살 수 없다

돈으로 피는 살 수 있어도 생명은 살 수 없다

돈으로 여자는 살 수 있어도 사랑은 살 수 없다

－ 네덜란드 속담

테마★로 만나는 인문학 여행 ⑨

네 덜 란 드 에 축 제 즐 기 러 가 자

일상이 축제고,
축제가 일상인
진짜 네덜란드 이야기

1판 1쇄 인쇄 2017년 7월 5일
1판 1쇄 발행 2017년 7월 10일
—

지 은 이 송창현
발 행 인 이미옥
발 행 처 J&jj
정　　가 16,000원
등 록 일 2014년 5월 2일
등록번호 220-90-18139
주　　소 (04987) 서울 광진구 능동로 32길 159
전화번호 (02) 447-3157~8
팩스번호 (02) 447-3159
—

ISBN 979-11-86972-22-9 (03920)
J-17-02
Copyright ⓒ 2017 J&jj Publishing Co., Ltd

J&jj 제이앤
제이제이
www.jnjj.co.kr